소목 정석

2. 높은 걸침 이후·외목과 고목의 핵심

소목 정석 2. 높은 걸침 이후·외목과 고목의 핵심

초판 1쇄 발행 2025년 2월 15일
지은이   이하림
발행인   조상현
마케팅   조정빈
발행처   더디퍼런스

등록번호   제2018-000177호
주소   경기도 고양시 덕양구 큰골길 33-170
문의   02-712-7927
팩스   02-6974-1237
이메일   thedibooks@naver.com
홈페이지   www.thedifference.co.kr

독자여러분의 소중한 원고를 기다리고 있습니다. 많은 투고 부탁드립니다.

ISBN 979-11-6125-527-9 13690

매 일 트 이 는
AI 바둑 핸드북

소목 정석

― 2. 높은 걸침 이후·외목과 고목의 핵심 ―

이하림 지음

더디퍼런스

"바둑의 신이 있다면 인간의 최고수와 몇 점이면 적당할까?" 오래 전부터 이런 궁금증이 있었습니다. 그동안 인간은 두점 접바둑이면 이긴다고 자신감에 넘치기도 했지만 막상 신급 존재인 인공지능(AI)이 등장하자 넉 점에도 목숨을 걸기 어려운 시대가 되었습니다. AI등장 초기에는 그래도 해볼만하다는 생각이 있었는데 AI가 진화에 진화를 거듭하면서 지금은 바둑의 적수가 아닌 스승으로 받아들이기에 이르렀습니다.

AI시대에는 생각지도 못했던 기술이 창궐합니다. AI가 보여주는 바둑의 세계는 정말 신비롭지요. 상식을 벗어난 수가 신기하게도 힘을 발휘하는 등 상황에 따라 변신하는 둔갑술의 천재입니다. 인간은 보이는 힘만 믿지만 AI는 보이지 않는 힘으로 세밀하게 분석하고 종합적 판단을 내립니다.

특히 바둑의 초반은 감성과 감각이 지배하는 시공간이며 단순 인공지능의 계산으로는 인간지능을 넘을 수 없는 금기의 영역이었는데, 더욱 강력해진 인공지능은 이런 고정관념을 보기 좋게 깨뜨리며 인간의 감성을 압도했습니다. 미지의 세계인 초반에도 신출귀몰한 AI는 거침없이 계산을 하며 이에 따라 정석과 포석에서도 혁명이 일어났습니다.

그동안 인공지능이 차가운 이성으로 인간 바둑의 세계를 파헤쳐왔다면 이제는 인공지능 바둑의 심오한 세계를 인간의 따뜻한 감성으로 분석할

차례입니다. 이 책의 기획 배경은 이처럼 달라진 바둑 수법을 AI의 새로운 시각으로 보여주려는 데 있습니다.

정석 분야에서는 주로 사용하는 화점과 소목이 대상인데, 화점 정석에서는 핸드북 네 권의 시리즈로 완결했습니다. 이번에는 소목 정석이 과제인데, 그중에서 '소목 정석 1'은 낮은 걸침에 대해, '소목 정석 2'는 높은 걸침에 대해 다룹니다.

본문은 유형별로 이어지며, 보충 학습을 위해 필요에 따라 유형 말미에 '원포인트 레슨'을 넣었고, 입체적 학습을 위해 각 파트의 말미에 '실전 정석활용'을 실었습니다.

전반적으로 낮은 단계에서 높은 단계까지 두루 독자의 수준에 맞춰 AI 시대를 관통하는 정석의 길잡이로 삼을 수 있도록 체계적이고 실전적이며 흥미롭게 꾸미고자 노력했습니다.

바둑의 신을 상상했던 세계가 현실이 되었습니다. 우리가 AI로부터 배울 점은 종합적 관점에 의한 대세적 안목과 열린 사고에 의한 창의적 발상입니다. 이 책에는 AI로부터 전수받은 다양한 정석과 변화들이 등장하지만 사실 AI는 정석이란 무엇인지도 모릅니다. 어차피 AI는 말이 없습니다. 오직 계산하고 판에다 실천할 뿐입니다. 전체 국면의 일부분인 정석도 인간의 언어인 만큼 어떻게 활용할지는 전국을 바라보는 여러분의 안목에 달렸겠지요.

더불어 AI시대에 바둑을 즐기면서 실력을 늘리는 비결은 모양에 구애받지 않는 자유자재한 인공지능의 냉정한 계산에 모양을 중시하는 인간의 예술적 열정으로 생명을 불어넣는 조화로운 공존 아닐까요.

 차례

1부 ☞ 수비 정석

1형 변에서 받기

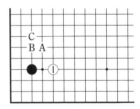

10

2형 가장 애용하는 밑붙임

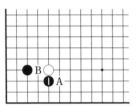

18

3형 밀어붙이기에서 작은 눈사태

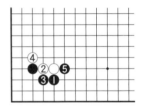

28

4형 밀어붙이기에서 큰 눈사태

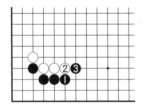

37

5형 위붙임에 젖힘 이후

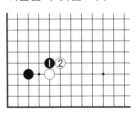

46

6형 위붙임에서 귀로 파고들기

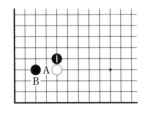

55

실전 정석활용   65

2부 ☞ 공격 정석

7형 적극적인 한칸협공

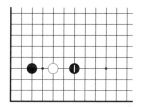

68

8형 한칸낮은협공에서 다양한 변화

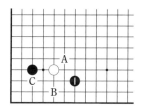

76

9형 한칸낮은협공에서 귀의 붙임에 젖힘

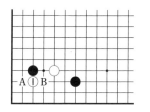

83

10형 두칸협공에서 뜀과 눈목자씌움

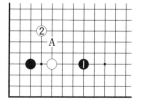

94

11형 두칸협공에서 귀의 붙임

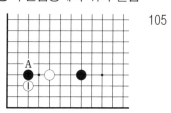

105

12형 두칸낮은협공에서 핵심 변화

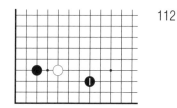

112

실전 정석활용   122

3부 ☞ 두칸걸침과 외목·고목의 핵심

13형 두칸걸침에서 핵심 변화

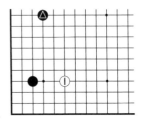

126

14형 외목에서 진화된 핵심 변화

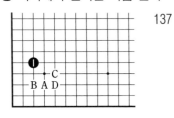

137

15형 대사씌움에서 효과적 대응

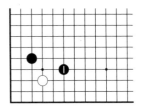

146

16형 고목에서 핵심 – 3三걸침

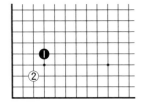

155

17형 고목에서 핵심 – 소목걸침

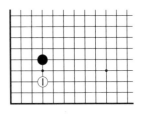

160

실전 정석활용　　　　　167

1부
수비 정석

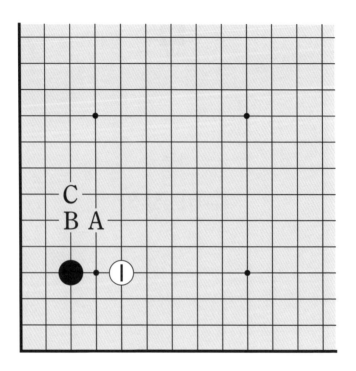

소목에 백1의 한칸은 귀보다 중앙을 중시한 세력 위주의 보편적 걸침이다. 이때 흑이 수비적 태도로 임한다면 귀나 변에서 받을 수 있는데, 보통 AI는 귀의 실리를 중시하는 경향이 있다.

여기서는 우선 A~C 등 변에서 받는 경우에 대해 알아본다.

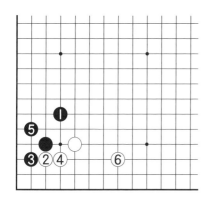

1도(날일자받음)

흑1의 날일자는 변과 중앙의 발전을 위한 유연한 받음인데, 백2로 붙인 후 6까지는 이런 경우의 대표적 정석이다. 다만 AI의 관점에서는 귀를 잠식한 백이 편하므로 특별한 상황이 아니라면 실전에서 거의 두지 않는다.

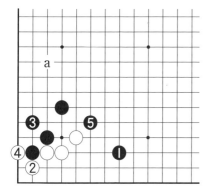

2도(주도적 발상)

앞 그림 백4 때 흑1의 다가섬은 AI의 주도적 발상이다.

백2로 귀를 위협하면 흑3 호구로 백4를 유도하고 나서 흑5로 씌우는 것이 일관된 전략이다. 흑5는 a로 변에 지키거나 손을 뺄 수도 있다.

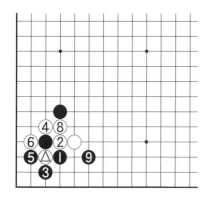

3도(백, 실패)

1도 백2 때 흑1, 3의 반격은 노림은 있지만 속임수에 가깝다.

이때 백4로 단수쳐서 9까지 되면 실리만 허용하고 근거가 없는 백이 실패이다. 흑의 속임수가 보기 좋게 통한 결과이다.

❼·△

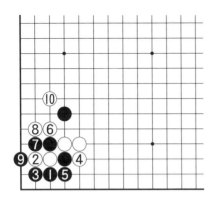

4도(백, 활발)

흑1의 단수에는 일단 백2로 나가야 한다.

흑은 어느 쪽이든 따라 막아야 하는데 3으로 귀쪽에서 막으면 백4 이하 8까지 모두 선수한 후 10으로 진출해 백이 활발한 흐름이다.

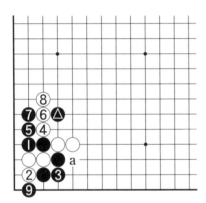

5도(백, 유리)

앞 그림 백2 때, 흑1로 변쪽에서 막으면 백2를 결정한 후 4의 젖힘이 효과적 수순이다. 흑5, 7 다음 9로 석점을 잡지만 흑▲를 품은 백이 매우 두텁다.

백은 손을 빼도 좋고 a로 조이기만 해도 유리한 흐름이다.

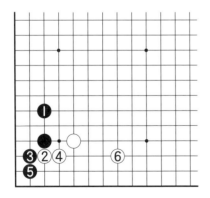

6도(한칸받음)

이번에는 기본형 다음 흑1의 한칸받음. 백2 붙임에 흑3, 5로 뻗고 백6에 벌리는 진행도 예전 정석이었다.

흑이 1도에 비해 실속은 있지만 대신 발전성이 약해서 AI시대에는 역시 권하지 않는다.

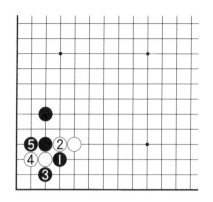

7도(흑의 일책)

흑이 주도적으로 싸우려면 앞 그림 백2 때 흑1, 3으로 되감아서 5로 몰아가는 것이 일책이다.

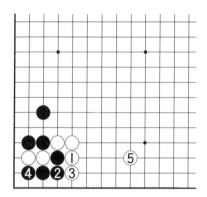

8도(흑이 편안한 흐름)

이다음 백이 1, 3을 선수한 후 5로 벌려 하변에 정착하면 타협이지만, AI 관점에서는 귀의 실리가 충실한 흑이 편안한 흐름이다.

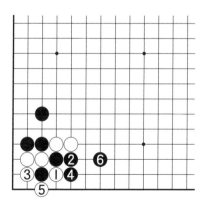

9도(귀를 지키는 것이 효과적)

7도 다음 백1, 3으로 한점을 잡아 귀를 지키는 것이 효과적이다.

흑4, 6이면 중앙 백 두점이 끊기지만 적당한 시기에 싸운다는 생각으로 임하면 백이 충분하다.

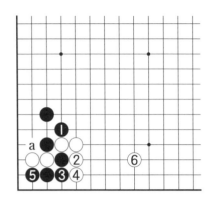

10도(흑, 월등)

7도 백4 때 흑1의 호구는 노림수
이다.

　알기 쉬운 수순대로 백이 2 이
하 6까지 정리하면 8도 a에 있던
흑돌이 1의 좋은 자리로 변신한
만큼 흑이 월등하다.

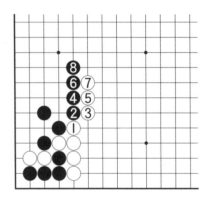

11도(두터움 활용이 과제)

앞 그림 백6으로는 차라리 이 그
림 백1로 밀어 흑2로 젖히면 백3
이하 8까지 선수해놓는 것이 주
도적이다.

　백도 두터움 활용이 과제이지
만, 이 진행이면 AI 관점에서는
서로 어울렸다.

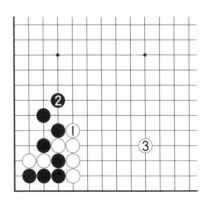

12도(행마의 기술)

백1에 흑도 2의 호구로 받는 것
이 밀어가는 리듬을 주지 않는
행마의 기술이다.

　백3으로 벌려 하변 모양이 커
졌지만, AI는 흑의 실리가 앞서
는 결과로 본다. 그래도 백이 10
도보다는 낫다.

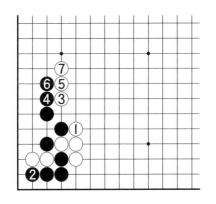

13도(미는 적절한 시기)

10도 흑3 때 백1로 미는 것이 적절한 시기이다.

흑도 2로 귀를 보강해야 하며 백3 이하 7로 눌러 가면 실리를 허용했지만 백도 중앙이 두터워서 불만 없다.

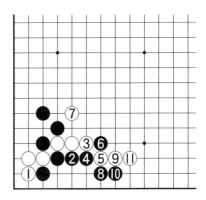

14도(귀부터 지키는 것이 우선)

거슬러 올라가, 흑이 변쪽 호구칠 때 백1로 귀부터 지키는 것이 우선이다.

흑2로 밀고 나서 11까지는 AI가 제시하는 수순이다.

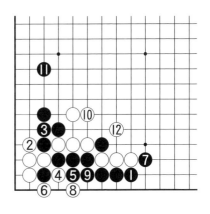

15도(백이 절대 유리)

이다음 흑1로 밀면 백은 받지 않고 6까지 귀부터 보강한다.

흑7의 젖힘을 허용해도 백8을 활용한 후 12까지 중앙을 알뜰하게 정돈하면 AI는 백이 절대 유리한 국면으로 본다.

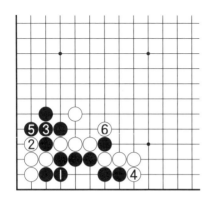

16도(백이 약간 두터운 결과)

14도 다음 흑도 1로 잇는 것이 우선이다. 백2를 활용하고 4로 막는 것은 어차피 흑5로 귀는 허용하지만 차후 백이 좌변을 압박할 경우 도움을 주기 위함이다.

　AI는 백6으로 한점을 제압한 백이 약간 두터운 결과로 본다.

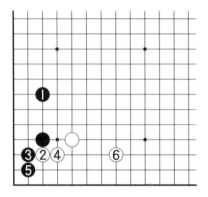

17도(흑, 두칸받음)

기본형 다음 흑1의 두칸받음은 변의 발전을 위함인데, 백2로 붙인 후 6까지 되면 흑이 변의 폭은 넓지만 엷어 6도보다 나을 것이 없다.

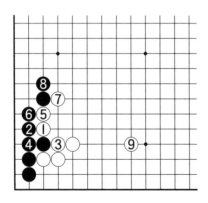

18도(흑 모양이 엷은 탓)

이다음 백1로 붙여 7까지 활용한 후 9로 벌리기만 해도 AI는 백이 활발한 흐름으로 본다. 흑 모양이 엷은 탓이다.

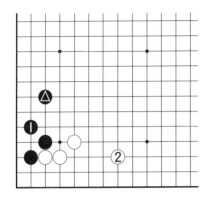

19도(모양의 엷음을 지킴)

17도 백4 때, 차라리 흑은 1의 호구로 모양의 엷음을 지키는 것이 낫지만 ◬와 조합이 밀집되어 약간 미흡하다.

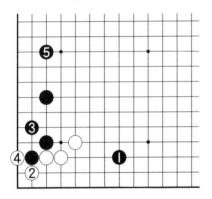

20도(주도적 발상)

이 시점에서 흑1로 하변에서 다가선 것은 AI의 주도적 발상이다. 백2로 젖히면 흑3의 호구로 백4를 유도한 후 흑5로 벌리든지 국면에 따라 손을 뺀다.

물론 귀에서 안정된 백도 붉만 없다.

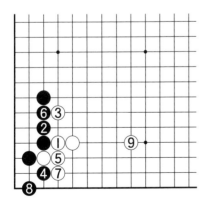

21도(백, 치받음)

17도 흑3 때 백1로 치받는 수도 과거에 많이 두었다. 흑2에 백3의 활용이 기민하다.

흑은 4 다음 6으로 잇는다. 백7을 선수하고 9로 벌리면 AI는 백이 불만 없는 타협으로 본다.

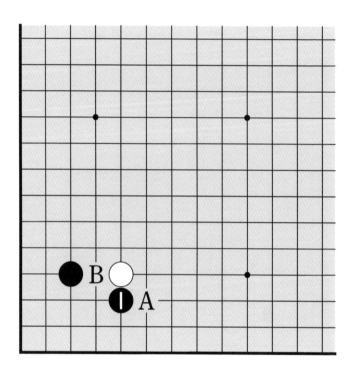

　흑1의 밑붙임은 AI도 가장 애용하는 수비법이다. 백은 A와 B로 둘 수 있지만 A의 젖힘이면 무난하다. 백B는 밀어붙이기라 하는데 뭔가 국면을 주도하려는 뜻이 있지만 실리에 취약해서 많이 두지는 않는다.

　여기서는 백A의 젖힘에 대해 주로 알아보며, 백B의 경우는 기본 변화만 다룬다.

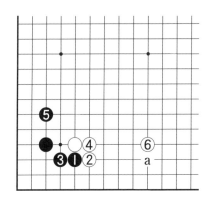

1도(국민정석)

흑1에 백2로 젖힌 후 6(또는 a)
까지 널리 알려진 국민정석이다.
수순 중 백4로 꽉 잇고 흑5로 한
칸 벌리는 점을 주시하는데 서로
단단한 수단으로 안정감이 있다.

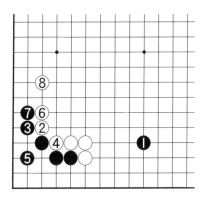

2도(서두른 협공)

그렇지 않고 앞 그림 흑5 대신 1
로 협공을 서두르면 백도 2로 붙
인 후 8까지 두텁게 둘 수 있다.

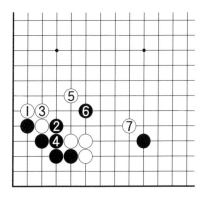

3도(백의 강수)

앞 그림 흑3 때 백1의 젖힘도 강
수이다. 흑2, 4로 돌파되지만 다
시 백5로 포위해서 두는 것이 요
령이다. 흑6으로 가르는 약점이
노출되지만 백도 7로 나가며 싸
울 수 있다.

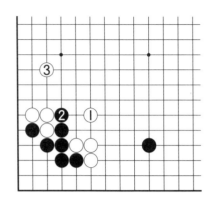

4도(백의 일책)

앞 그림 흑4 때 백1로 뛰고 흑2에 백3으로 벌리는 행마도 일책이다.

　아무튼 3도와 4도는 백이 좌변을 틀어막고 싶을 때 사용한다.

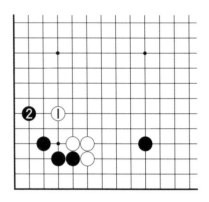

5도(유연한 두터움)

전체를 바라보는 안목이 뛰어난 AI는 백1의 날일자씌움도 유연한 두터움으로 둘만하다고 알려준다. 그리고 흑도 2의 날일자로 받아주는 것이 무난하다고 본다.

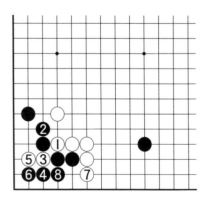

6도(활용을 위한 응수타진)

이다음 백1은 활용을 위한 응수타진이다. 흑2로 늘 때 백3에 끊은 후 8까지 선수 활용하는 것이 요령이다.

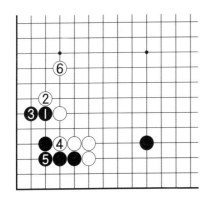

7도(선수를 위한 붙임)

이 부근에서 흑이 선수를 잡고
싶다면 1의 붙임도 일책이다. 백
은 2, 4를 선수한 후 6으로 지키
면 모양이 활발해서 불만 없다.

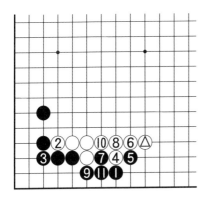

8도(2선 침입의 경우)

1도의 정석에서 백△로 높을 때
는 차후 흑1의 2선 침입이 일책
이다. 백은 2의 활용이 적시의 타
이밍이며 4 이하 11까지는 서로
정리하는 요령이다. 백도 중앙이
선수로 두터운 만큼 적절한 시기
가 아니면 흑이 불리하다.

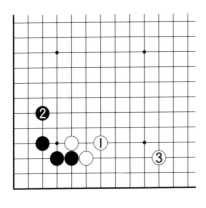

9도(보기 어려운 정석)

1도 흑3 때 백1로 호구치고 흑2
로 받으면 백3의 벌림도 기본 정
석이었지만 최근 고수의 실전에
서는 보기 어려워졌다. 백1의 호
구라면 흑이 손을 빼고, 흑2로 받
으면 백이 손을 빼도 좋다는 AI
의 실전적 지침 때문이다.

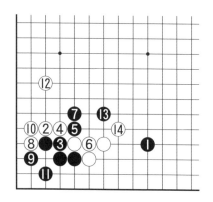

10도(예측할 수 없는 전투)

흑이 귀를 받지 않고 1로 협공할 경우 변화를 알아보자.

백2로 붙일 때 흑이 3, 5로 반격해서 14까지 되면 예측할 수 없는 전투로 돌입한다. AI는 백도 귀를 잠식하며 충분히 싸울 수 있다고 본다.

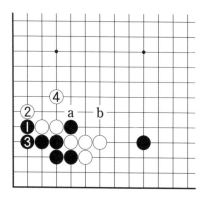

11도(실전적 젖혀이음)

앞 그림 백6 때 흑1, 3으로 귀부터 젖혀 잇는 것도 실전적이다. 백4로 지키면 흑도 차후 싸우는 맛을 노리며 손을 빼는 것이 무난하다.

당장 흑a로 움직이면 백b로 쫓는 리듬을 허용해서 부담이다.

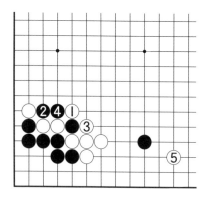

12도(백, 두터운 선택)

앞 그림 흑3 때 백1의 단수는 중앙을 중시한 선택이다.

흑2로 끊을 때 백3으로 잡고 흑4의 단수에는 백이 두터움을 배경으로 5로 협공하는 흐름이 자연스럽다.

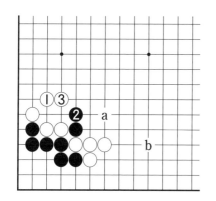

13도(호구이음도 견실)

하변에 협공이 없는 경우라면 흑이 귀에서 젖혀 이을 때 백1의 호구이음도 견실하다. 흑2 다음 a로 움직여도 백은 b로 벌릴 수 있기에 충분한 진행이다.

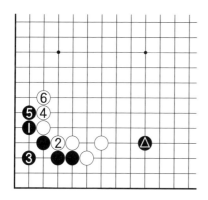

14도(간명책)

10도 백2 때 흑1로 젖혀서 6까지 되면 간명하다.

흑이 두터움을 허용해도 실리를 지키며 선수로 처리하면, ▲가 있거나 없거나 흑이 불만 없다는 것이 AI의 관점이다.

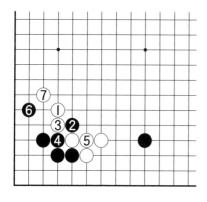

15도(백이 씌우는 경우)

거슬러 올라가 백1의 씌움이면 흑2, 4로 백 모양에 단점을 만들어놓는 것이 좋고, 7까지 흐름이 예상된다.

중앙 백이 두터워도 AI는 흑도 움직이는 맛을 남겨 충분하다고 본다.

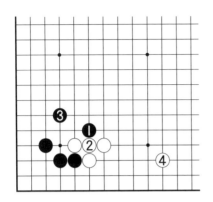

16도(능동적 활용)

백 호구이음에서는 흑1의 활용도 능동적인데 백2로 이으면 흑3의 날일자로 정비하는 자세가 좋다.

백4로 지키면 타협이지만, AI의 관점에서 흑이 활동적이라고 본다.

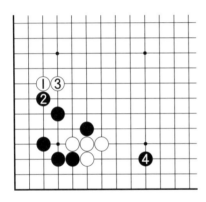

17도(흑, 국면 주도)

앞 그림 흑3 때 백1로 다가서면 흑은 2로 붙여 방어한 후 하변 4로 협공해서 국면을 주도할 수 있다. AI의 대응법이다.

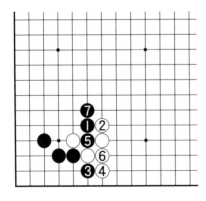

18도(능동적 대응)

흑1에는 백2가 능동적 대응이며 7까지 AI가 알려주는 변화이다.

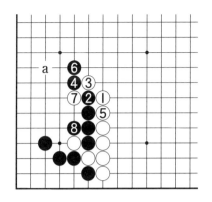

19도(두터움 이용이 과제)

이다음 백1의 씌움이 능률적 행마이며 흑2에 백3으로 젖힌 후 8까지 변화를 AI가 제시한다.

수순 중 백7은 활용이며, 실리는 허용했지만 차후 a의 진입을 노리며 하변에 형성된 두터움을 최대한 이용하면 백도 충분하다.

20도(흑의 변화)

앞 그림 백3 때 흑1로 나간 후 3, 5로 늘면 백6의 활용 후 8, 10으로 실리를 견제해서 백도 불만 없다.

21도(밀어붙이기)

처음으로 돌아가서 흑1의 붙임에 백2, 4는 '밀어붙이기'라 하는데 평범을 거부하는 치열한 수단이다. 흑이 간명하게 두자면 흑5의 내려섬을 추천하며 백6에 늘 때 흑7, 9면 알기 쉬운 정석이다.

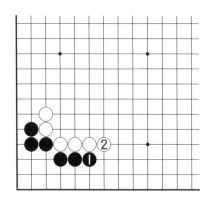

22도(선수를 잡는 경우)

앞 그림 백8 때 흑1로 하나 더 밀고 손을 뺄 수도 있다.

백이 더 두터워졌지만 흑이 선수를 잡고 싶다면 이렇게 둘 수 있다.

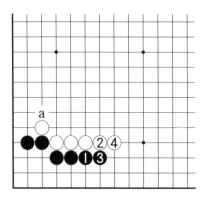

23도(흑의 변화)

21도 백6 때 AI는 흑1, 3으로 계속 밀고 손을 빼는 변화도 보여준다. 백도 4로 늘며 매우 두텁지만, 흑이 실리가 충실하고 a쪽 붙임도 남아서 충분하다는 뜻이다.

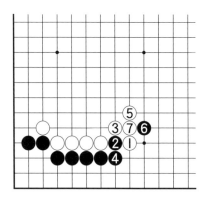

24도(뜀도 일책)

앞 그림 흑3 때 백1의 뜀도 일책이다. 이하 7까지 흑이 활용한 후 손을 빼면 서로 무난한 타협으로 본다.

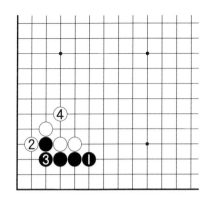

25도(변의 온건한 수단)

백이 밀어붙일 때 흑1은 변을 중시한 온건한 수단인데, 백2의 한 방이 기분 좋고 4의 호구로 지키면 서로 무난하다.

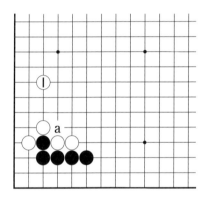

26도(능동적 벌림)

AI는 앞 그림 백4의 호구 대신 1의 두칸벌림도 능동적이라고 본다. 백은 a쪽 약점이 남아 부담이지만~

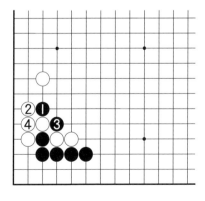

27도(맥점에 대응법)

흑1의 껴붙임이 이곳 약점을 공략하는 맥점이지만 백은 2, 4로 처리해도 간명하다고 본다.

끊긴 두점은 가볍게 활용하려는 뜻이다. 수순 중 백2는 3에 잇고 싸울 수도 있다.

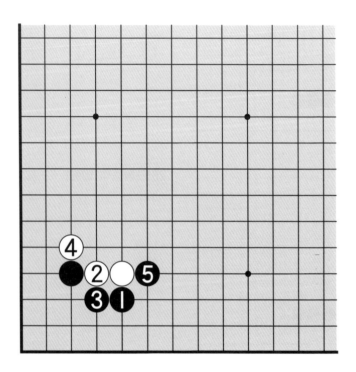

　흑1의 밑붙임에서 백2, 4로 밀어붙일 때는 흑5의 두 점머리 젖힘이 강수이며 이런 모양을 '작은 눈사태'라 한다.

　이후의 변화는 자연스레 전투로 이어지며 축과도 연관되어 수순이 중요하다. 그 과정에서 AI의 진화된 수단도 볼만하며 숨어있는 꼼수에 대해서도 알아본다.

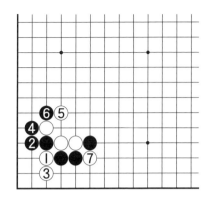

1도(절대 수순)

기본형 다음 백1, 3에 흑4의 꼬부림은 절대 수순이다.

　백5의 호구는 일단 자체 축을 피하기 위함이며 흑6으로 단수치면 백7의 끊음도 당연하다.

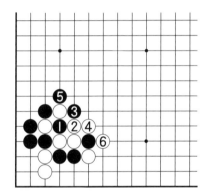

2도(백, 만족)

이다음 흑1 이하 5에 백6으로 서로 잡고 잡으면 그동안 널리 알려진 정석인데, AI의 관점에서는 서로 두텁지만 귀쪽 집이 충실한 백의 만족으로 본다.

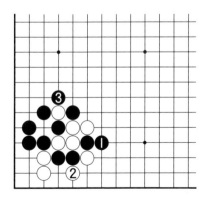

3도(나가놓고 잡는다)

앞 그림 백4 때, 흑도 1로 나가놓고 백2에 흑3으로 잡는 것이 하변의 완전 두터움을 허용하지 않는 방법으로 AI가 제시한다.

　선수를 잡은 백이 약간 편한 정도.

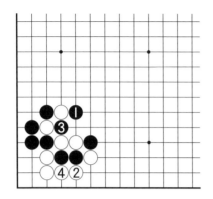

4도(날렵한 꺼붙임)

1도 다음 흑1의 꺼붙임이 AI가 알려주는 날렵한 수단이다.

백도 2, 4로 가만히 두점을 잡는 것이 무난하며 흑이 약간 미흡한 정도로 본다.

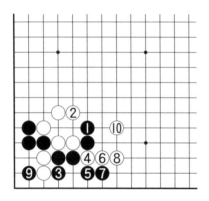

5도(흑, 귀의 실리 중시)

1도 백5 때 흑1을 선수한 후 3의 막음은 귀의 실리를 중시한다.

다음 백4로 끊은 후 10까지 필연인데, 흑이 귀를 차지한 만큼 중앙은 백이 리드하는 흐름이다. AI의 판단은 호각.

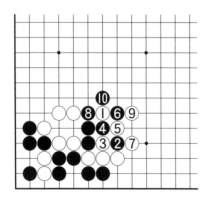

6도(흑, 활발)

앞 그림 흑9 때 실전에서 많이 나왔던 변화를 소개하면, 백1로 씌우고 흑이 두점을 살리자면 2로 붙인다. 백3으로 뚫으면 이하 10까지 필연인데, 이 진행은 AI 안목에서 흑이 활발하다고 본다.

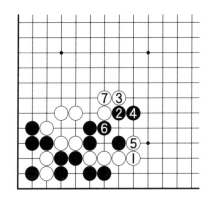

7도(물러서는 것이 무난)

앞 그림 흑2 때 백1로 물러서는 것이 무난하다. 흑2로 붙이면 백 3 이하 7까지 추격하며 모양을 정돈한다.

　서로 타협하며 어려운 전투의 길로 접어든다.

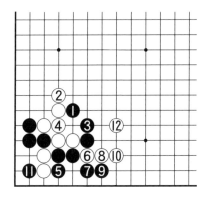

8도(효과적 행마)

1도 백5 때 흑1로 급소를 짚으며 3의 선수 후 5로 막는 것도 효과적 행마이다.

　백6으로 끊고 이하 12까지 되면 귀의 실리가 착실한 흑이 중앙도 모양이 강화된 만큼 편하다고 본다.

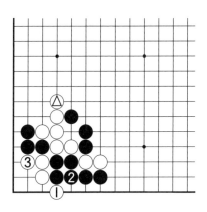

9도(백의 반발)

이 진행에서는 앞 그림 흑9 때 백△로 인해 귀에서 1, 3의 반발이 있으므로 흑도 대응책에 고심해야 한다.

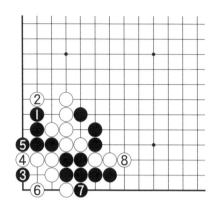

10도(백의 꽃놀이패)

이때 흑1로 나간 후 3으로 치중해서 즉각 수상전에 돌입하면 백의 도발에 말린다.

백4, 6의 맥으로 패를 유도한 후 8로 늘면 귀가 꽃놀이패인 만큼 단연 백이 우세하다.

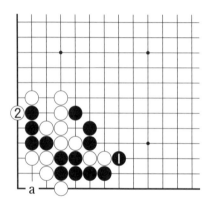

11도(흑, 만족)

앞 그림 백2 때, 흑1로 일단 두점을 잡는 것이 두텁고 현명한 대응이다.

백2로 넉점은 잡히지만 나중에 a의 끝내기 맛도 남아있어 이 진행은 흑의 만족이다.

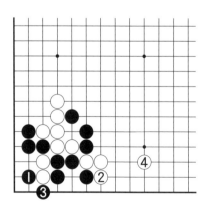

12도(흑, 성급)

8도 백8 때, 백의 반발이 두려워서 흑1로 잡는 것은 성급하다.

백2의 막음이 선수이고 4로 벌리면 백도 불만 없는 흐름이다.

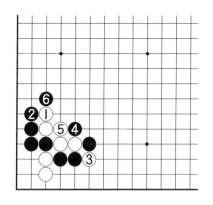

13도(축관계)

되돌아가서 1도 흑4 때, 백의 축이 유리하면 1로 느는 것이 효율적이다.

여기서 축이란 흑2로 밀고 백3에 끊을 때 발생하는데 흑4, 6의 축이 백한테 유리해야 1로 느는 수가 성립한다.

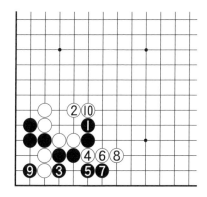

14도(백, 중앙 주도)

흑도 축이 불리하면 앞 그림 흑2 대신 1을 선수하고 3으로 귀를 방어해야 한다. 백은 4로 끊은 후 10까지 귀의 실리를 허용하지만 중앙에서 주도하므로 충분한 타협의 흐름이다.

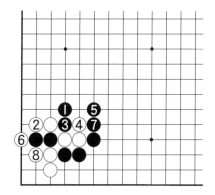

15도(백, 중앙 외세 허용)

1도 백3 때, 흑1은 묘한 자리인데 꼼수 성격이 짙다.

이때 백은 축이 유리해도 2로 잡으면 흑3, 5의 장문에 걸려든다. 백6, 8로 두점을 잡지만 중앙 외세를 허용해서 백이 미흡한 결과이다.

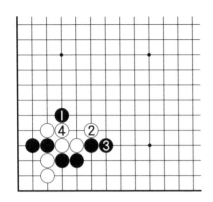

16도(흑의 기회)

흑1에는 백2의 젖힘이 절대이다. 그런데 흑3에 백4의 이음은 실수로 흑이 다시 기회가 왔다.

흑의 다음수가 운명을 좌우하는데~

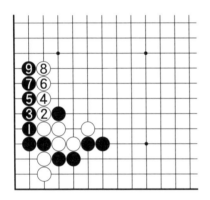

17도(흑, 더 좋은 기회 상실)

흑1로 꼬부려 9까지 밀어나간다면 귀의 백 두점이 자연스레 잡히므로, 흑이 편한 진행이지만 더 좋은 기회를 상실한다.

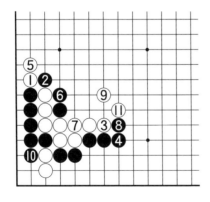

18도(효과적 행마)

앞 그림 흑5 때 백1의 젖힘은 귀를 살리기 위함이다.

흑도 2로 끊는 것이 기세이고 이하 6, 8을 선수한 후 10으로 귀의 수상전에 임하는 것이 효과적 행마이다.

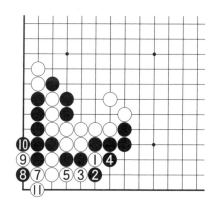

19도(흑, 17도보다 더욱 유리)

이다음 백1의 끊음이 수상전의 맥이며 3, 5를 활용한 후 11까지 되면 귀는 빅으로 귀결된다.

다만 백 모양에 고약한 맛이 남아있어, 이 진행은 흑이 17도보다 더욱 유리하다는 것이 AI의 판단이다. ❻‥①

20도(균형이 잡힌 결과)

17도 흑7 때, 백도 1의 젖힘이 적당한 시기이다.

흑2로 귀를 잡고 백3으로 변을 지키면, 이제야 실리와 두터움으로 균형이 잡힌 결과로 본다.

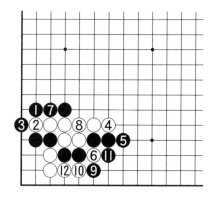

21도(뛰는 맥)

실은 16도 다음 흑1의 뜀이 맥이었다. 이하 필연의 수순을 거쳐 13까지. 수순 중 백은 6으로 끊어 10, 12로 수를 늘리면 귀는 효과적으로 사는 맛이 있지만 중앙 대마가 허술하다.

❸‥⑥

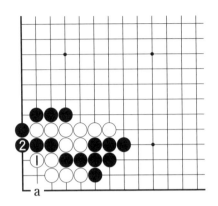

22도(흑이 단연 유리)

이다음 백1을 선수하고 a면 귀는 넉넉하게 산다.

문제는 당장 중앙 백이 쫓기는 모양이고 흑은 양쪽 변이 두텁게 정리되어, 이 진행은 흑이 단연 유리하다.

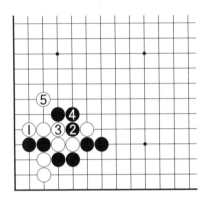

23도(백의 정수)

16도 흑3 때, 백1로 두점을 잡는 것이 정수이다.

흑2로 끊어 5까지 되면 AI 안목에서 흑이 망했다고 봐도 좋다.

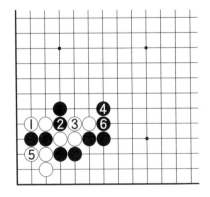

24도(백이 기분 좋은 결과)

백1에 흑2 쪽에서 끊는 것이 올바르다.

그래야 흑도 4, 6으로 두텁게 정리하며 참담한 흐름을 피할 수 있다. 아무튼 백이 기분 좋은 결과이다.

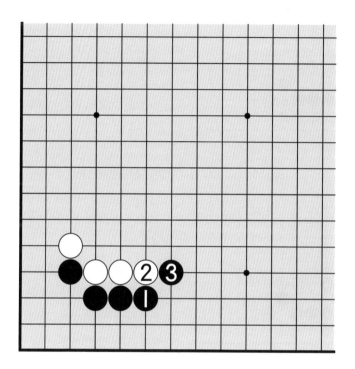

소목 밀어붙이기에서 흑1은 온건한 수인데 백2로 눌러 적극적 태도로 임할 때 흑3 석점머리를 젖히면 이런 모양을 '큰 눈사태'라 한다.

이후의 변화는 귀뿐 아니라 변과 중앙 전체가 연동된 싸움이라 수순이 비교적 길어 핵심 파악이 중요하며 AI의 관점도 주시해야 한다.

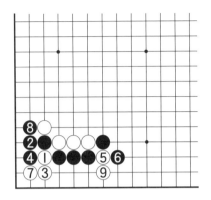

1도(안쪽 꼬부림)

기본형 다음 백1, 3은 준비된 수순이며 안쪽 흑4로 꼬부리면 백5로 끊은 후 9까지는 많이 두었던 과정이다.

수순 중 흑6의 단수 때 백이 7과 8의 선수활용은 절대라고 여겼는데~

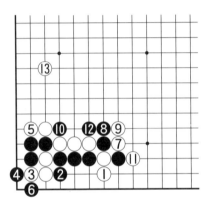

2도(절묘한 타협)

AI는 앞 그림 흑6에 백1로 바로 나가도 좋다고 한다. 흑2로 잡을 때가 문제인데 백은 3, 5를 활용한 후 하변 7, 9로 밀고 11로 한 점을 잡는다. 그사이 중앙 석점이 잡히지만 백13으로 좌변도 보강하면 절묘한 타협이 이루어진다.

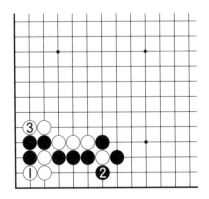

3도(흑, 하변 중시)

1도로 돌아가서, 백1로 꼬부릴 때 AI는 흑이 하변을 중시하면 2로 한점을 잡을 수 있다고 본다.

백도 3으로 귀를 제압하면 불만 없다.

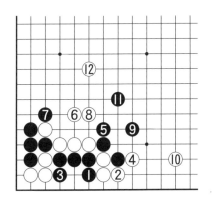

4도(흑, 활발)

1도 다음이라면 흑1, 3의 수순이라야 귀를 잡을 수 있고 백도 4로 자연스레 하변 진출의 리듬이다. 흑5, 7로 추궁할 때 백8 쌍립으로 지키면 이하 12까지 AI의 변화인데, 실리가 착실한 흑이 활발한 전투로 본다.

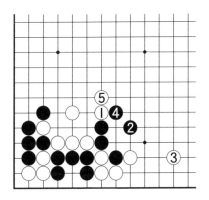

5도(효과적 붙임)

앞 그림 흑7 때 백1로 붙이는 것이 효과적이며 이하 5까지, 이 진행이면 백도 불만 없는 전투이다.

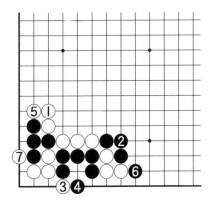

6도(간명한 정석)

4도 흑3 때 백1은 좌변부터 압박하려는 뜻이다. 흑2로 이을 때 백은 두 가지 선택이 있는데 우선 3, 5의 수순으로 좌변을 막으면 간명하다. 흑6과 백7로 각각 잡으면 정석이 일단락된다. 수순 중 백3의 젖힘이 긴요한데~

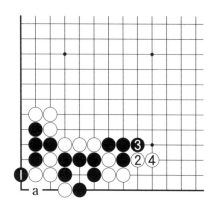

7도(패맛)

앞 그림 백5 때, 흑1로 귀에 집착하면 a의 패맛(1수 늘어진 패)이 남는다. 이제 백은 2, 4로 하변을 안심하면서 수습한다.

그래도 AI 관점에서는 호각으로 보지만, 앞 그림보다 흑이 약간 못하다.

8도(하변을 살리는 선택)

6도 흑2 때 백은 1로 하변을 살리는 것이 또 하나의 선택이다.

흑2로 밀면 백3의 지킴이 모양의 급소이며, 흑4로 젖힐 때 백5로 밀고 나서 11까지 되면 AI는 호각의 진행으로 본다.

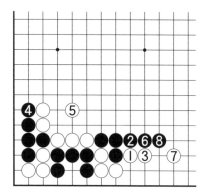

9도(두터운 행마법)

백1로 젖힐 때 흑2, 4로 양쪽에서 밀고 백5에 지키면 흑6, 8로 재차 눌러가는 것도 두터운 행마법이다.

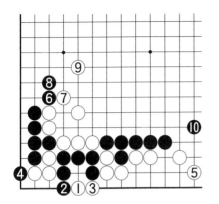

10도(중앙 요소)

이다음 백1, 3을 활용한 후 5로 하변에 정착하면 흑6, 8로 좌변에 진출한다.

　백9와 흑10은 중앙 요소이며, 역시 어울린 진행으로 본다.

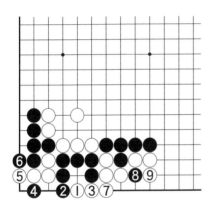

11도(귀에서 먼저 활용)

9도 흑6 때, 백은 귀에서 1 이하 7까지 먼저 활용해두는 것도 과거에 많이 두던 방안이다.

　흑8은 손해이지만 선수를 잡기 위함이며 백9는 필연인데~

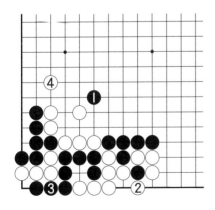

12도(중원의 요처)

이다음 흑1의 씌움이 선제공격도 겸하는 중원의 요처이다.

　백도 2를 선수해 확실히 살아두고 4로 지키며 정리됐지만, 이 진행은 AI 안목에서 중원을 주도하는 흑의 만족으로 본다.

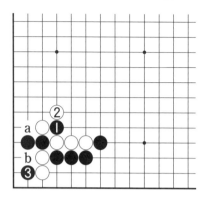

13도(특별한 전략)

거슬러 올라가 1도 백3 때, 흑1로 끊은 후 3의 붙임은 기교를 부린 특별한 전략이다.

이때 단순히 백a로 막으면 흑이 b로 귀와 변을 고스란히 연결해서 편하다. 백도 이에 맞서는 두 가지 방안이 있는데~

14도(백의 1안)

우선 백1로 빵따낸 후 3으로 끊는 방안이다.

흑4, 6으로 몰면 백7의 꼬부림을 선수해서 수를 늘린 후 9, 11로 변과 중앙을 노리는데~

15도(백, 미흡)

흑1은 중앙 봉쇄를 대비한 쩜이다. 이때 백2, 4로 변에서 선수 활용하는 것은 양쪽이 갈라져서 백이 미흡하다.

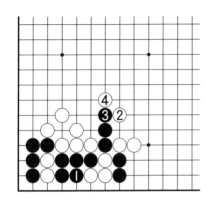

16도(중앙 봉쇄)

흑1에는 백2, 4로 중앙을 포위하는 것이 일관성 있는 행마이다.

흑의 실리가 착실하지만 중앙 관통은 어려운 만큼 백도 두터워서 충분하다.

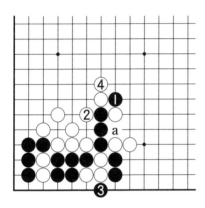

17도(중앙에서 끊는 경우)

백의 두터움이 완성된 것은 아니지만 흑이 중앙에서 싸우자면 1로 끊는 정도인데 백은 2, 4로 죄면서(a도 선수) 중앙 싸움을 리드할 수 있다.

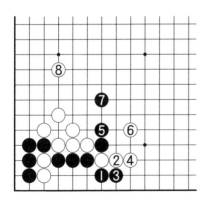

18도(당장 흑이 곤마)

14도 백3 때 흑이 1, 3으로 아래에서 밀고 5로 나가는 것은 양쪽을 노리며 싸우겠다는 뜻이다.

AI 관점에서는 당장 흑이 곤마이므로 백6, 8로 추격하면 흑이 불리한 싸움으로 본다.

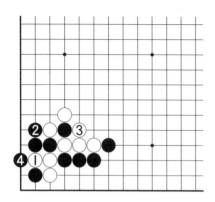

19도(백의 2안)

13도 다음 백1로 찌르고 흑2에
백3으로 따내는 방안도 있다.
　흑4로 석점을 잡고 나서~

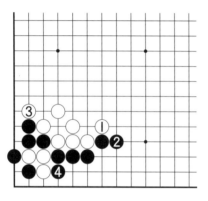

20도(선수 두터움으로 대항)

이제는 백도 하변을 끊어봐야 이
득이 없으므로 1, 3을 선수해서
좌변을 틀어막는 두터움으로 대
항하면 충분하다.

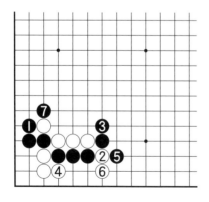

21도(주목받지 못했던 배경)

되돌아가서 1도 백3 때, 흑1의
바깥 꼬부림은 그동안 주목받지
못했다. 백2로 끊고 나서 7까지
흑이 실리를 허용하고 외세를 얻
는 것이 과거의 정석인데, 후수인
점이 느슨해서 AI시대에 잘 두지
않았던 배경이다.

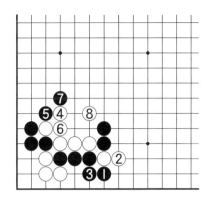

22도(흑, 곤란)

앞 그림 백4 때 흑1, 3의 반발은
성립하지 않는다.

　백4 이하 8까지 중앙을 보강하
고 나면 좌변과 하변의 양쪽을
수습할 흑의 다음수가 보이지 않
는다.

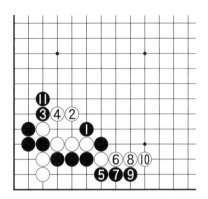

23도(효과적 젖힘)

21도 백2 때, AI는 흑1의 젖힘이
효과적이라 본다.

　백2에 흑3, 5 이하로 양쪽 변
을 버텨 11까지 귀를 장악하며
좌변도 진출하려는 전략이다.

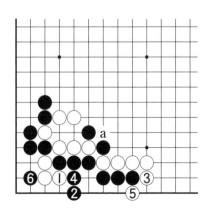

24도(흑이 약간 편한 타협)

이다음 백1로 꼬부리면 흑2의 뜀
이 수비의 맥이다.

　백도 3, 5를 선수 활용하면서
두터운 모양이지만, 실리가 충실
하면서 a 단점을 남긴 흑이 약간
편한 타협으로 본다.

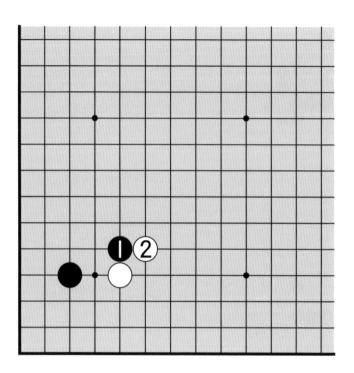

소목 한칸걸침에서 흑1의 위붙임은 변과 중앙으로의 발전을 중시한다.

백도 강하게 두자면 2의 젖힘으로 중앙에서 맞대응하는 것이 보통인데 이후의 변화에 대해 알아본다.

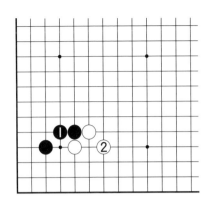

1도(무난한 연결)

기본형 다음 흑1로 변쪽에 연결
하고 백2로 호구치면 서로 무난
하다. 이러고 흑이 손을 뺄 수도
있지만 중앙을 중시한다면~

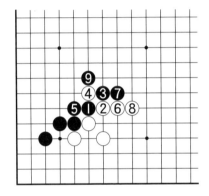

2도(모양 대결)

흑1, 3으로 이단 젖히는 것이 기
세이며 이하 흑7에 백이 선수를
잡으려면 8에 늘고 흑9로 잡아
일단락된다. 서로 모양 대결로 어
울렸는데, 다음 백도 상황에 따라
좌변 흑세를 삭감하거나 하변 모
양을 키워서 불만 없다.

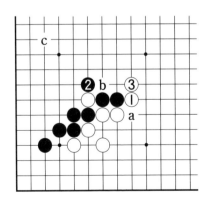

3도(백의 세력 강화)

백이 중앙 세력을 강화하려면 1,
3으로 힘차게 올라선다. 대신 백
의 후수이므로 선택에 신중해야
한다. 이 정석에서는 흑a로 끊으
면 백b의 활용이 있어 흑도 당장
실행하기 어렵다. AI는 백3으로
c의 삭감도 추천한다.

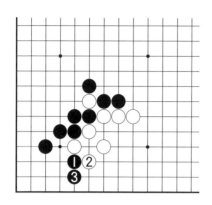

4도(흑, 귀의 처리법)

이 정석에서는 앞으로 귀의 처리
가 관심사인데 흑이 두는 경우 1,
3으로 변에도 영향을 미치며 귀
를 확보하는 것이 실리로 크다.

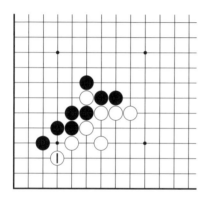

5도(백의 경우)

귀쪽을 백이 둔다면 1의 마늘모
정도이며 더 깊게 들어가기는 어
렵다.

   귀는 흑의 권리가 강함을 알
수 있는데~

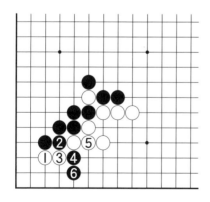

6도(흑의 반격)

만일 백1로 붙여 욕심을 내면 흑
2 이하 6까지의 반격으로 백이
궁지에 몰린다.

   설사 백이 귀에서 살더라도 흑
이 하변으로 진출하면 백이 불리
한 진행이다.

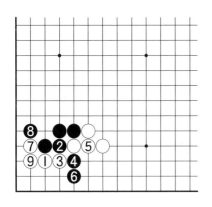

7도(달라진 상황)

1도의 정석 이후라면 백도 1의 붙임이 성립한다.

이때 앞 그림처럼 흑2 이하 6까지 반발하면 이번에는 상황이 달라진다. 백은 7, 9로 젖혀 잇고 나서 양쪽 흑을 노리면 순조로운 국면이다.

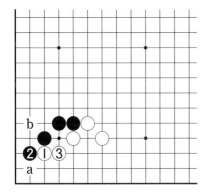

8도(흑, 옹색)

그렇다고 백1에 흑2로 젖혀 뒤로 물러서는 것은 백3으로 흑집이 옹색하다.

다음 흑이 a면 b쪽 약점이 생기니 차라리 b의 호구 지킴이 탄력적인데, 어쨌든 흑 모양의 효율성이 떨어진다.

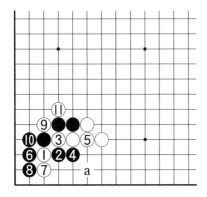

9도(효과적 반발)

백1에 흑이 반발을 하더라도 2, 4의 단수로 안쪽에서 강하게 두는 것이 효과적이다.

백5로 이은 다음이 중요한데 흑6, 8로 몰면 백9, 11로 두점을 축으로 잡고 a쪽 변도 선수이므로 흑이 약간 미흡하다.

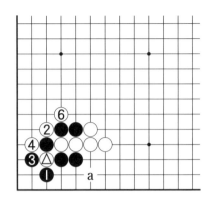

10도(올바른 단수 방향)

앞 그림 백5 때 흑1쪽 단수가 올바른 방향이다.

이하 6까지 필연인데, 이제는 백의 a쪽 활용이 없는 만큼 적절하게 타협하는 흐름이다.

11도(백, 축이 불리한 경우)

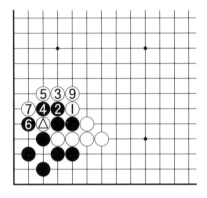

앞 그림 흑3 때 백1쪽으로 단수친 후 9까지는 백의 축이 불리할 경우 두텁게 처리하는 방법이다.

다만 흑 실리를 허용하는 만큼 백이 바람직하지 않은 선택이다.

12도(꽉 잇는 경우)

처음으로 돌아가서, 흑1에 백2로 꽉 잇는 경우에는 흑3으로 귀를 지키고 백4에 흑5로 각자 요소를 차지하는 흐름이 자연스럽다.

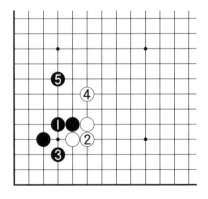

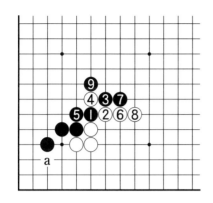

13도(귀의 약점 노출)

백이 꽉 잇는 경우에 2도처럼 흑 1 이하 9까지 중앙을 도모하면 귀의 약점이 노출된다.

백이 a로 귀에 붙일 때 반발할 수 없는 만큼 실리로 커서 흑이 약간 불만이다.

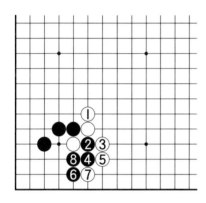

14도(귀의 실리가 크다)

백이 중앙을 중시하면 1로 올라서는 방법도 있지만, 흑2에 끊은 후 8까지 귀에 큰 실리를 허용하는 만큼 보통은 백이 바람직하지 않은 선택이다.

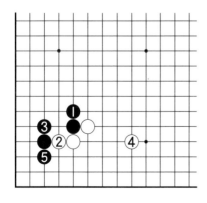

15도(변으로 뻗는 변화)

기본형 다음 흑1쪽으로 뻗는 변화. 백2, 4로 자세를 잡고 흑5로 귀의 요소를 차지하면 타협인데, 흑 실리가 좋지만 백 선수이므로 AI시대에는 흑이 바람직하지 않은 선택이다. 다만 흑도 5를 손빼는 것이 실전적이라 본다.

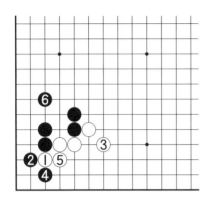

16도(백, 귀에 흠집 내며 선수)

앞 그림 흑3 때 백이 귀에 흠집을 내자면 1로 젖힌 후 3의 호구로 지킨다.

흑도 4, 6으로 지키면 무난한 타협인데, 백이 선수이므로 불만 없다.

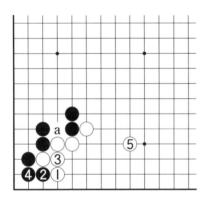

17도(폭넓게 지키는 방법)

앞 그림 흑2 때 백1로 호구 쳐서 4까지 귀를 확실히 정리한 후 5로 폭넓게 지키는 방법도 있다.

당장은 흑도 손을 빼는 것이 실전적이며, 백은 차후 a로 나가 끊는 맛을 노릴 수 있다.

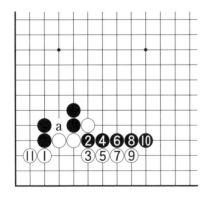

18도(흑이 끊는 경우)

백1에는 변에서 흑2의 끊음도 기세인데, 백은 3 이하 9까지 밀어놓고 11로 실리를 크게 차지해서 충분하다.

외세를 허용해도 a의 맛도 있는 만큼 AI의 관점에서는 백이 약간 편하다고 본다.

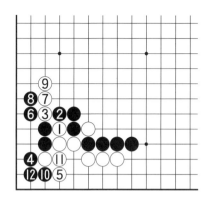

19도(백, 전투 지향)

앞 그림 흑8 때 백이 싸움에 자신 있다면 1, 3으로 끊을 수 있다. 흑은 4로 젖힌 후 12까지 귀에 파고들며 좌변을 해결하는 것이 우선이다.

　이제 중앙 전투가 초점인데~

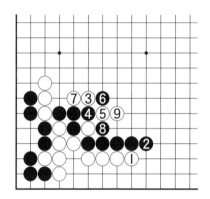

20도(필연)

하변 백1로 하나 밀어 근거를 마련해놓고 3의 씌움이 맥인데 흑도 4, 6의 끊음이 기세이며 9까지 서로 끊는 자세가 되어 싸움은 필연이다.

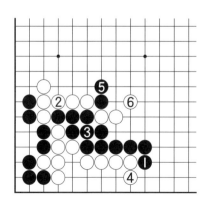

21도(본격 싸움)

이다음 흑1의 활용에 백도 2 다음 4의 꼬부림이 효율적인 삶이다. 흑5와 백6으로 서로 모양을 정리하며 맞서 본격 싸움에 돌입한다.

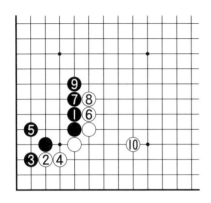

22도(백, 활발)

거슬러 올라가, 흑1에 뻗을 때 백 2의 붙임도 AI가 권하는 방안이다. 흑3, 5로 받으면 백6, 8로 밀고 10으로 벌려 백이 활발한 진행으로 본다.

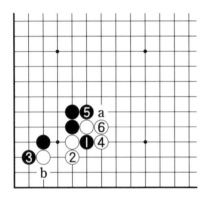

23도(능동적 방안)

앞 그림 백2 때 흑도 1로 끊은 후 3으로 받는 것이 능동적 방안이다. 백4로 잡으면 흑5를 활용한 후 a와 b자리도 부분적으로 좋지만 당장은 손을 빼는 것이 실전적이다. 아무튼 백이 약간 편한 정도로 본다.

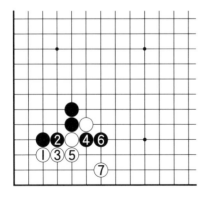

24도(유력한 변화도)

백1에 붙일 때 흑2로 치받고 흑 4, 6에 백7의 달림은 AI의 유력한 변화도이다. 백도 귀를 장악해서 불만 없다.

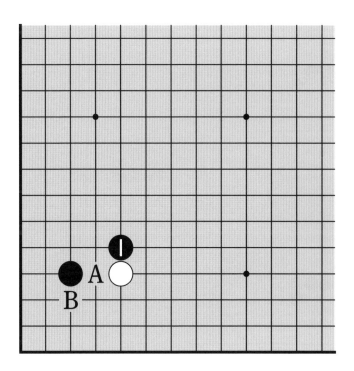

 흑1의 위붙임에서 백이 귀를 중시하는 발상도 유력하
다. 이런 경우 백은 A나 B로 귀에 진입하는 것이 상용
수단인데 이후의 변화에 대해 알아본다.
 이 과정에서 예전 많이 두던 정석에 대한 AI의 관점
도 눈여겨 볼만한 대목이다.

1도(치받는 수단)

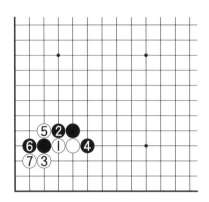

우선 백1, 3으로 치받으며 귀에 파고드는 수단에 대해 알아보자.

흑4로 젖히면 백5, 7로 몰아가는 것이 정확한 수순이다.

2도(깔끔한 실리)

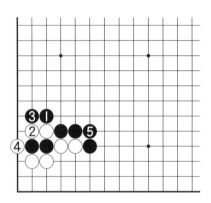

이다음 흑1, 3으로 단순하게 선수하고 5로 이어 두텁게 처리하는 것은 백의 실리가 아주 깔끔한 반면 흑은 후수라서 아주 불리한 결과이다.

3도(흑의 궁리)

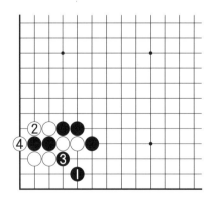

1도 다음 흑1로 비튼 것은 백 모양에 흠집을 내려는 궁리인데 백은 2로 잡는 것이 간명하다.

흑3에 백4로 따내는 흐름이 되는데~

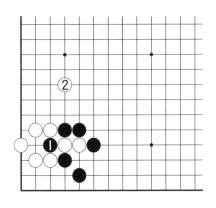

4도(백, 유리)

흑1로 먹여치고 백2로 벌리면 일
단락이며 널리 알려진 정석이었
지만, AI의 눈으로는 백의 좌변
벌림이 흑의 두터움을 견제하며
실리로도 앞서 백이 단연 유리하
다고 본다. 이제는 사라진 정석이
라 봐도 무방하다.

5도(현명한 대응)

1도 백3 때 귀에서 흑1의 이단젖
힘이 현명한 대응이다. 백2, 4로
잡을 때 흑5, 7로 단수치며 11까
지 두텁게 정비하면 일단락이다.

백이 선수 실리로 충분하지만,
그래도 이 진행이면 적당한 타협
으로 본다.

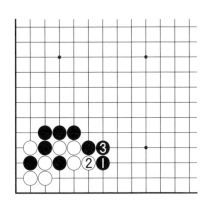

6도(마늘모 행마)

AI 안목에서 흑의 가장 좋은 대
응은, 앞 그림 백8 때 흑1의 마늘
모 행마이다. 백2에 흑3이 되면
하변을 차단한 흑도 불만 없는
타협으로 본다.

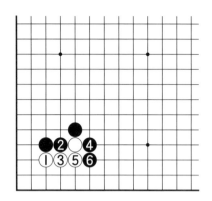

7도(유연한 귀의 붙임)

처음으로 돌아가서, 귀에 백1의 붙임도 유연한 수단이다.

이때 흑2 이하 6까지 외곽을 거칠게 조여 막는 것은 바람직하지 않다.

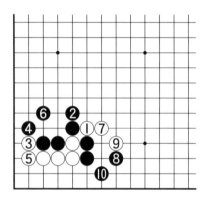

8도(핵심 변화)

이후 핵심 변화를 알아보면 백1로 끊고 3, 5의 젖혀이음이 귀를 지키며 단점을 공략하는 효과적 수순이다.

흑6에 지키면 백7에 늘어 10까지도 최선의 공방인데~

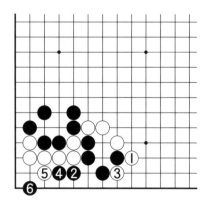

9도(흑, 귀쪽 젖힘)

백1에 흑2로 귀쪽을 젖히면 백3의 단수가 일단 기분 좋다.

흑4, 6으로 귀는 잡혀도 여러 활용하는 맛이 남아, AI는 백이 활발한 진행으로 본다.

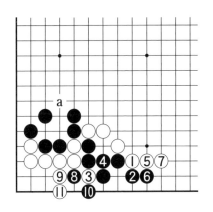

10도(급소를 공략하는 맥)

백1에는 흑2의 변쪽 젖힘이 보통이며 백3이 모양의 급소를 공략하는 맥이다. 흑4로 이은 후 11까지 서로 변과 귀에서 사는 흐름인데, 이 결과는 백a쪽 활용도 있는 만큼 AI는 백이 약간 두터운 타협으로 본다.

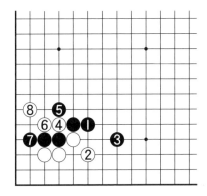

11도(단단한 뻗음)

7도 백3 때 흑1의 뻗음이 단단한 수단이다.

백2로 지킬 때 흑이 중앙을 중시하면 3의 씌움이 하나의 방안이다. 백4로 끊을 때 흑5, 7로 키우면 백8의 마늘모가 상용 행마법이다.

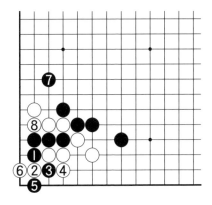

12도(잡히기 전의 활용)

이다음 귀에서 흑1로 꼬부리고 6까지의 수순은 잡히기 전의 활용이며, 좌변 흑7에 백8로 잡아 일단락이다. 흑이 바깥을 포위해서 두텁지만 AI의 관점에서 귀의 실리가 충실한 백이 약간 편한 정도로 본다.

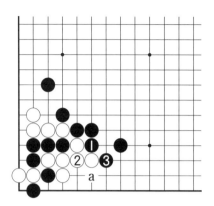

13도(선수 활용)

여기서 흑은 손을 빼기보다 당장 1, 3으로 막는 것도 큰데, 귀의 활용 덕분에 차후 흑a가 선수 활용이 된다.

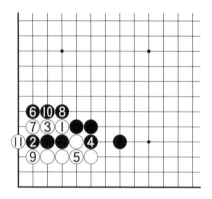

14도(한칸 행마가 맥)

백1에 끊을 때 흑2로 빠지는 수도 유력하다.

　백3에 조이면 흑4를 활용해놓고 6의 한칸 행마가 맥이며, 백7에 흑8, 10으로 틀어막으면 흑이 불만 없는 타협이다.

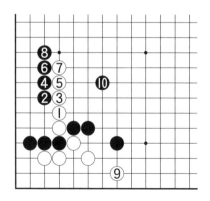

15도(공격의 요점)

앞 그림 흑2 때 백1로 늘면 흑2로 진출한다.

　백3 이하 7까지 밀어놓은 다음이 문제인데, 백9로 변에 진출하면 흑10이 공격의 요점이며 흑이 중앙을 주도해서 불만 없다.

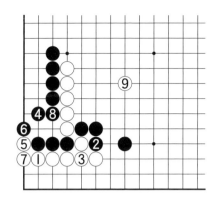

16도(귀를 막는 것이 선수)

앞 그림 흑8 때 백1로 귀를 막으면 이하 8까지 선수가 되며, 백9로 먼저 중앙을 보강하면 백도 불만 없는 타협이다.

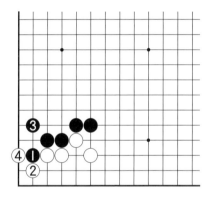

17도(흑의 책략)

11도 백2 때, 흑1의 젖힘도 하나의 방안인데 좌변에서 실리를 허용하지 않으면서 정리하는 장점이 있다. 백2에는 흑3의 호구로 탄력을 주고 백4의 단수에 손을 빼고 발 빠르게 둔다는 책략이다.

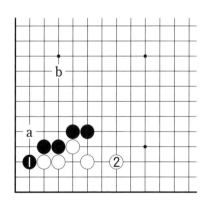

18도(백의 일책)

흑1에는 백2로 벌린 후 좌변 엷음을 노리며 두는 것도 일책이다.

흑도 손을 빼는 것이 실전적이며, 여기를 지킨다면 a의 호구가 탄력적이지만 AI는 b의 벌림을 선호한다.

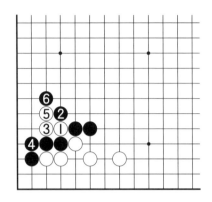

19도(백, 성급한 끊음)

이 모양에서는 흑이 손을 빼더라도 백1로 당장 끊는 것은 성립하지 않는다.

흑2 이하 6까지 몰면 백 석점이 잡힌다.

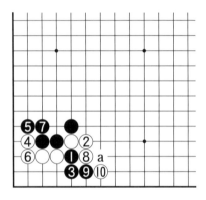

20도(귀를 직접 노리는 경우)

7도 백3 때 흑1, 3은 귀를 직접 노리겠다는 뜻인데 축이 유리할 때 사용한다.

백4, 6으로 귀를 보강하고 나서 8, 10으로 잡자고 덤비면 흑a의 끊음으로 축이 발생한다. 이 축이 흑에게 유리해야 한다.

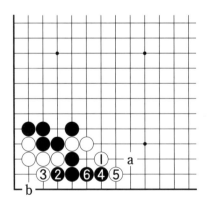

21도(백, 축이 불리할 때)

앞 그림 흑7 때 백은 축이 불리하면 1로 늦춰야 하며, 흑은 2 이하 6까지 수를 늘리며 귀와의 수상전에 대비한다.

백은 변의 지킴이 시급한데 단순히 a로 지켜 흑b로 귀가 잡히면 약간 아쉬운 결말이다.

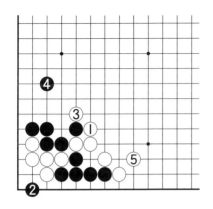

22도(효과적 대응)

백1의 중앙 꼬부림이 하변 보강도 겸하는 효과적 대응이다.

흑2로 잡을 때 백3의 단수 한 방이 권리이며 흑4에 백5로 손질하면 일단락이다. 백5는 상황에 따라 손을 빼도 되므로 백이 국면을 주도하는 장점이 있다.

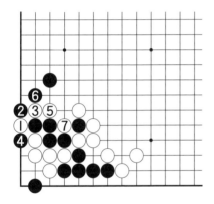

23도(활용하는 맛)

나중에 흑진에는 수상전을 이용해 활용하는 맛도 남아있는데, 백1로 젖힌 후 8까지 AI가 알려주는 수순이다.

❽‥①

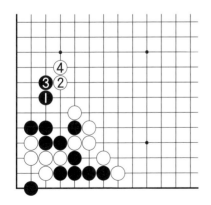

24도(백, 활발)

그래서 AI는 좌변 흑이 벌릴 때 1의 한칸도 추천하지만, 이제는 백이 2, 4로 씌워 가면 활발하다.

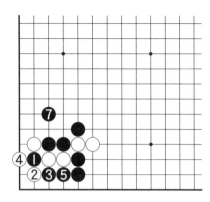

25도(흑이 끊는 경우)

20도 백4 때, 흑1로 끊으면 백은 어떻게 대응할까.

백2에 흑3, 5로 돌려친 후 7로 정돈하면 일단 귀의 백이 위험하다. 이때 백이 귀를 살리려 하면 악화일로를 걷는다.

⑥‥❶

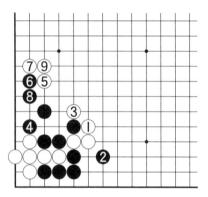

26도(백, 두터움)

그보다 백1 이하 5로 주변을 둘러싸면서 9까지 귀는 사석으로 이용하는 것이 현명하다.

좌변은 아직 조이는 맛이 남아 있어 백의 두터움이 돋보인다.

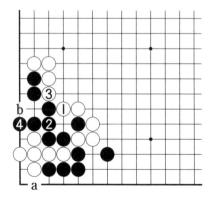

27도(조이는 것이 선수 활용)

차후 좌변은 백1, 3으로 조이는 것이 선수 활용이 되며, 백a에 흑b로 참아야 한다면 백의 두터움을 더욱 실감할 수 있다.

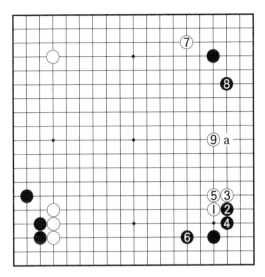

실전 1

초점은 우하귀 소목에 백1의 한칸걸침 이후 인데, 반대편에서 7로 걸치고 9로 벌리는 일련의 수순은 예전부터 유행했던 포석이다.

이 경우 정교한 AI는 백9로 a의 안정적 벌림을 권한다.

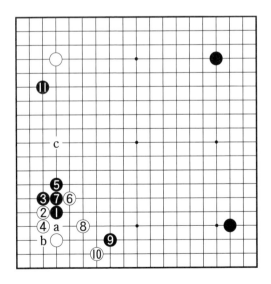

실전 2

좌하귀 소목에 한칸걸침 이후 흑5의 호구에 백6, 8의 활용이면 흑9의 다가섬이 요소이며, 백10으로 지킬 때 흑11로 넓게 걸친 장면이다.

AI 안목에서 흑11은 a, 백b의 기민한 활용 후 흑c로 벌리면 무난한 흐름으로 본다.

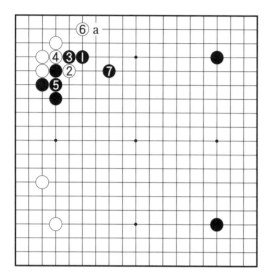

실전 3

좌상귀 호구이음을 토대로 흑1로 씌우면 백2로 건너붙인 후 6까지 AI가 알려주는 대응법이다.

흑7의 날일자 행마는 중앙을 넓게 보강하면서 차후 a로 차단할 때 효율을 높이기 위함이다.

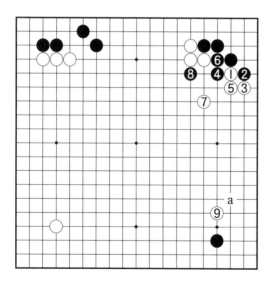

실전 4

우상귀가 초점. 두터운 꽉이음일 경우 백1, 3은 능동적 행마법이며, 백은 우변에 세력을 만든 다음 9로 걸치며 국면을 주도하고 있다.

AI 안목에서 흑도 8로 a의 굳힘이면 무난한 타협으로 본다.

<u>2부</u>

공격 정석

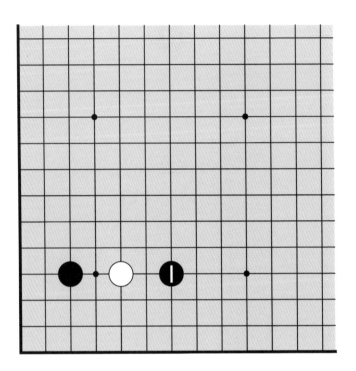

　이제부터는 소목 한칸걸침에서 공격형 정석을 다루는데, 첫 번째 주제로 변에서 가장 적극적인 흑1의 한칸협공부터 알아본다.

　이렇게 협공하면 격렬한 싸움이 예상되지만 의외로 간명한 타협이 얼마든지 가능하다는 점도 이 협공의 특징이다.

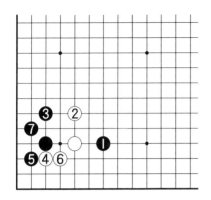

1도(근거의 요소)

흑1의 협공에는 백2로 뛰고 귀에서 4, 6의 수순이 근거의 요소이다. 흑7의 양호구는 많이 두던 단단한 수비이지만 AI가 권하지는 않는다.

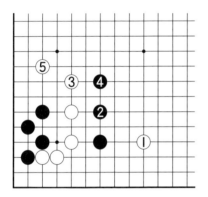

2도(백, 불리)

이다음 백1로 협공한 후 5까지 AI의 변화인데, 백도 충분히 싸울 수 있다고 본다.

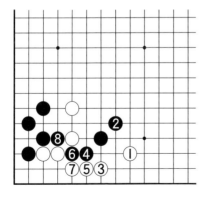

3도(백의 일책)

1도 다음 백1로 바짝 다가서서 흑2에 백3으로 넘으려는 것도 일책이다.

　좌변 흑이 단단해서 4 이하 8까지 끊어져도 백이 뒷맛을 남기고 손을 빼면 불만 없다고 본다.

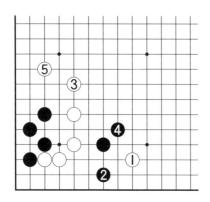

4도(무난한 변화)

백1 협공에는 흑도 2로 차단한 후 5까지 AI의 무난한 변화인데 호각으로 본다.

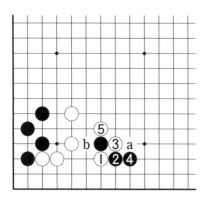

5도(타개의 맥)

백이 싸우기보다 안정을 원한다면, 이런 모양에서는 백1, 3으로 맞끊는 것이 타개의 맥으로 기억해둔다. 흑4로 단순히 늘면 백5로 한점을 잡고, 차후 흑a에 백b로 따내는 것이 효율적이 되어백이 활발하다.

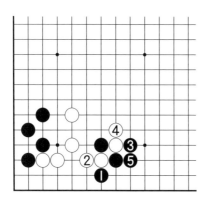

6도(효율적 단수)

앞 그림 백3 때 흑1, 3으로 단수쳐놓고 5로 잇는 것이 효율적이며, 백도 선수를 잡아 불만 없다.

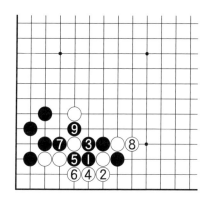

7도(흑, 불리)

5도 백3 때 흑1로 몰면 중앙을 끊을 수 있지만, 이하 9까지 하변을 허용하고 후수가 되어 흑이 불리한 진행이다.

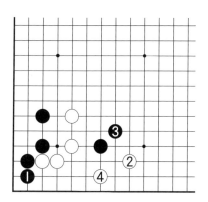

8도(실리로 이득)

거슬러 올라가, 1도 백6 때 흑1로 빠지는 것이 실리로 이득이다.

　백도 2, 4로 넘으면 무난한 타협이다.

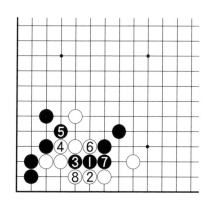

9도(연결 확인)

이다음 흑1, 3으로 추궁하면 백4로 일단 잇는다.

　흑도 5의 가일수가 절대일 때 백6, 8로 연결하는 데 문제없다. 흑도 이렇게 두면 절대 불리하다.

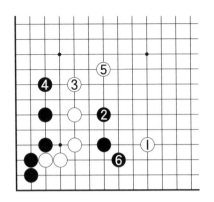

10도(변의 진출이 우선)

백1로 넓게 협공하면 흑도 2, 4로 변의 진출이 우선이다.

    백5로 중앙을 보강할 때 흑6의 마늘모 행마는 AI의 추천수로 모양에 탄력을 주기 위함이다.

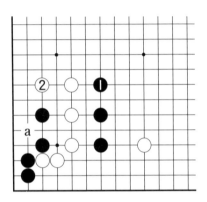

11도(급소 노림)

앞 그림 백3 때 중앙 흑1로 먼저 두면 좌변 백2로 차단해서 a의 급소를 노리므로 흑의 부담이다.

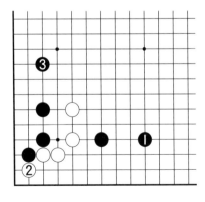

12도(흑, 하변부터 벌림)

1도 백6 때, 상황에 따라 흑1로 하변부터 벌리는 것도 일책이다. 백2로 젖히면 흑3으로 벌려 양쪽을 수습한다는 전략이다.

    백도 귀에서 선수로 안정하므로 불만 없다.

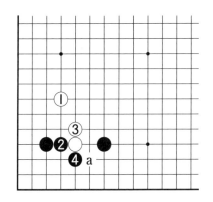

13도(백, 눈목자 행마)

처음으로 돌아가서, 백1의 눈목자 행마도 하나의 방안이다.

흑2, 4는 하변 연결을 도모하며 싸우려는 뜻인데, 백이 손을 빼면 흑a로 넘는 것이 크다.

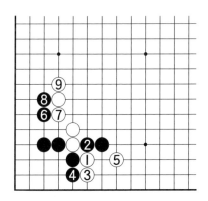

14도(싸우는 것이 필연)

이다음 백도 1로 젖히고 5까지 진출하며 싸우는 것이 필연이다.

흑도 6, 8로 밀어 보강하는 것이 우선이며 이후는 서로 어렵다.

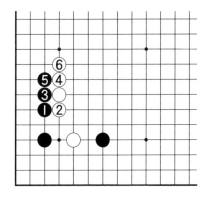

15도(실리와 세력 대결)

백의 눈목자 행마에 흑1로 한칸 뛴 다음 6까지 되면 가장 무난한 타협이다. 실리와 세력 대결의 양상이다.

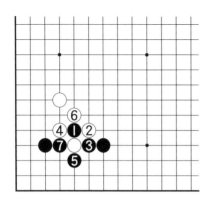

16도(흑, 간명한 붙임)

흑1로 위에서 붙인 후 7까지 넘으면서 안정하면 간명하지만, 백도 선수로 두터워서 충분하다.

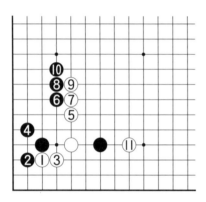

17도(유력한 귀의 붙임)

기본형 다음 백1로 귀부터 붙이는 것도 AI의 유력한 선택이다.

흑2, 4로 받으면 백5 이하 9까지 밀고 나서 11로 협공하며 국면을 주도할 수 있다.

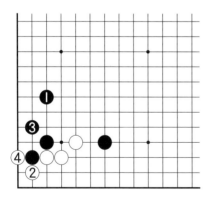

18도(유연한 선택)

앞 그림 백3 때 흑이 1로 벌리고 나서 백2에 흑3의 호구로 백4를 유도한 후 손을 빼는 것도 일책이다.

흑이 싸움을 피하는 유연한 선택이다.

▥ 장면

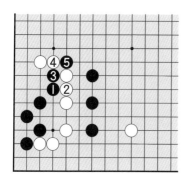

이 장면에서 흑1 이하 5로 끊으면 백은 어떻게 대응할지 생각해보자.

1도(흑의 의도)

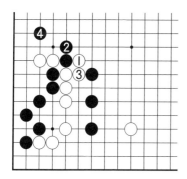

백1로 단수치고 3으로 이으면 흑4로 두점이 갇힌다.

　이래도 AI는 백이 불리하다고 보지 않지만, 당장은 흑의 의도에 백이 따라준 셈이다.

2도(백이 절대 유리)

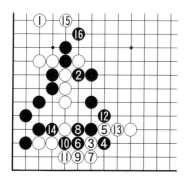

앞 그림 흑2 때 백1의 벌림이 우선이다. 흑2로 끊으면 백3, 5의 맞끊음이 타개의 맥인데, 이하 14까지 넉점이 잡혀도 하변에 모양을 구축했고 15로 활용하면서 선수를 잡으면 백이 절대 유리한 결과로 본다.

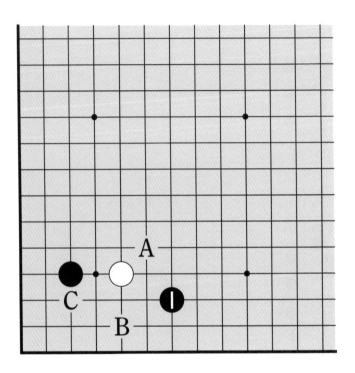

　　이번 주제는 흑1의 한칸낮은협공 또는 날일자협공인
데 한칸협공과 더불어 적극적 공격 수단이다. 귀와 연결
되는 위치에 있기에 백의 저지 수단으로 A의 마늘모, B
의 한칸, C의 붙임 등이 대표적 응수이다.
　　이들 다양한 응수를 배경으로 핵심 변화에 대해 알아
본다.

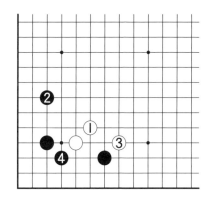

1도(백, 마늘모 행마)

백1의 마늘모는 연결을 저지하는 대표적 행마이지만 AI의 관점에서는 느슨하다고 본다. 흑2의 두 칸벌림이면 무난하고 백3에 씌울 때 흑4로 귀를 지켜, 실리가 착실한 흑이 불만 없는 흐름이다.

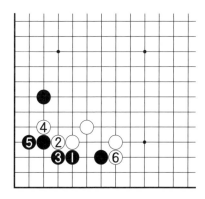

2도(유력한 붙임)

앞 그림 백3 때 흑1의 붙임도 유력하며 이하 6까지 AI의 변화이다. 백이 귀를 활용하면서 주변을 정리하지만, 흑도 자연스럽게 연결된 실리로 충분하다.

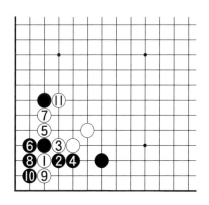

3도(흑, 만족)

1도 흑2 때 귀쪽 백1로 붙이면 흑2, 4로 하변과 연결한다.

백도 5 이하 11까지 좌변을 다스리지만, AI는 실리가 충실한 흑의 만족으로 본다.

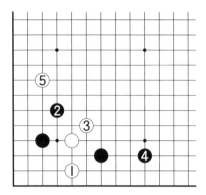

4도(노골적 한칸 행마)

백1의 한칸은 연결을 차단하는 노골적 행마이다. 흑2의 날일자에 백3으로 나가고 하변 흑4로 벌리면 좌변 백5의 다가섬이 예전에 많이 두던 흐름이다.

이후 서로 우열을 장담할 수 없는 싸움이 전개된다.

5도(흑, 좌변 중시)

앞 그림 백3 때, 흑이 좌변을 중시하면 1로 벌리는 것이 무난하며 백도 2 부근에서 협공하는 흐름이 자연스럽다.

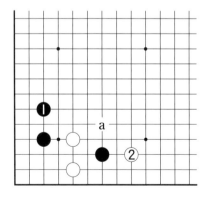

6도(안정적인 한칸)

4도 흑2 대신 1의 한칸도 AI가 추천하는 안정적인 행마이다.

백2로 협공하면 흑은 a로 싸우든지 손을 빼도 충분하다.

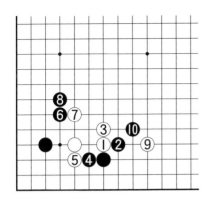

7도(기대면서 연결 차단)

백1의 붙임은 기대면서 연결을
차단하려는 뜻이다. 흑2로 젖힌
후 8까지 상용 수순이며 백이 기
댄 효과로 9로 협공하는 성과를
얻지만 흑도 그사이 좌변이 굳어
졌기에 하변은 알기 쉽게 10으로
나가 싸우면 된다.

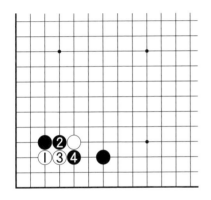

8도(백의 대처법은?)

처음부터 백이 귀에 1로 붙이면
AI가 보건대 가장 능률적인 출발
이다.

　이때 흑2, 4로 끊으면 백이 어
떻게 대처할까?

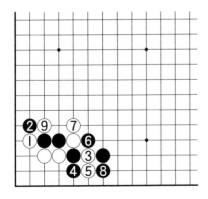

9도(흑이 망한 결과)

백1의 젖힘은 절대인데 흑2로 받
으면 백3, 5로 뚫는 것이 통한다.

　흑6, 8로 두점을 잡지만 백9로
제압된 좌변 손실이 커서 흑이
망한 결과이다.

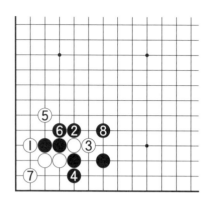

10도(백, 만족)

백1에는 흑2, 4가 대응법인데 백은 5, 7로 변에 진출하며 모양을 갖춘다.

흑도 8로 두점을 잡아 이 변화가 한동안 정석으로 알려졌는데, AI는 흑진에 활용이 남았고 선수이므로 백의 만족으로 본다.

11도(백, 유력한 뻗음)

앞 그림 흑4 때 백1의 뻗음도 유력하다. 흑2로 뛰면 백3의 붙임이 맥이다.

흑4로 잇고 6으로 두점을 잡지만 백이 좌변으로 넘어간 모습이 앞 그림보다 더욱 유리하다.

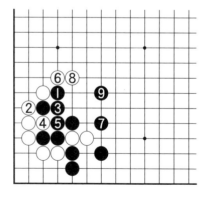

12도(서로 주고받는 셈)

앞 그림 백3 때, 흑1의 젖힘은 좌변을 주도해 보려는 생각이지만 이하 9까지 되면 서로 주고받는 셈이 되어, 흑이 앞 그림보다 나을 것이 없다.

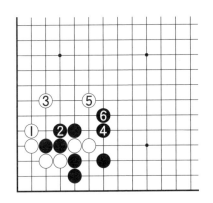

13도(백, 순조로운 흐름)

백1에 차라리 흑2로 가만히 잇고 4로 잡는 것이 나을 수도 있지만, 그사이 백이 3으로 진출하고 5의 활용도 선수이므로 매우 순조로운 흐름이다.

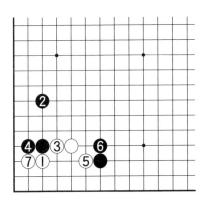

14도(한때 유행한 두칸벌림)

백1에 흑2의 두칸벌림이 뜬금없는 행마 같지만 한때 유행했다.

백3 이하 7까지 귀가 정리되고 나서~

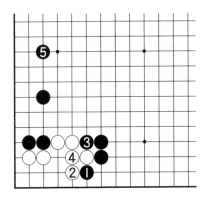

15도(백, 실리가 견실)

흑도 1, 3은 기분 좋은 활용이며 5로 벌리면 모양이 정리되면서 팽팽한 형세로 알려졌는데, AI의 안목에서 실리가 견실한 백이 선수여서 약간 편하다고 본다.

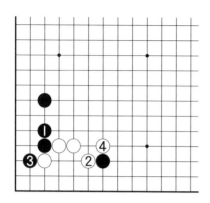

16도(흑, 충분)

14도 백3 때, AI 관점에서는 흑1로 늘고 백2로 붙이면 흑3으로 귀를 젖히는 것이 효과적으로 본다. 백4로 변을 제압해도 흑이 충분하다는 것.

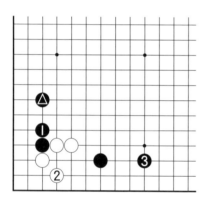

17도(호구 지킴이 제격)

흑1로 늘면 백2의 호구 지킴이 제격이다.

흑도 3으로 벌려 양쪽을 정리했지만, 좌변 ▲의 효율성이 떨어진 만큼 약간 미흡하다.

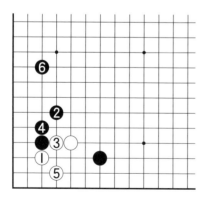

18도(효율적 방안)

백1에 흑도 좌변만 생각하면 2의 날일자로 둔 다음 6까지 벌리는 것이 효율적 방안이지만, 백도 선수이므로 불만 없다.

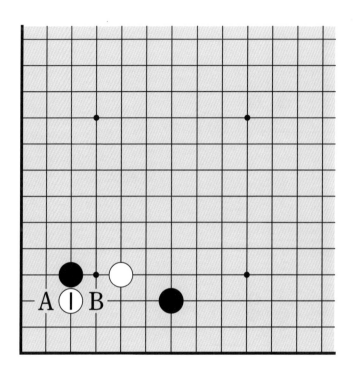

이번에는 한칸낮은협공에서 백1로 붙일 때 흑이 A나 B로 젖히는 변화에 대해 알아본다.

이런 보편적 대응에서 심도 있는 변화들이 등장하며 AI의 진단에도 귀를 기울일만하다.

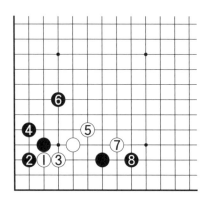

1도(상용 수순)

백1에 흑2, 4의 호구는 발이 느리지만 견실한 태도이며 8까지 상용 수순이다.

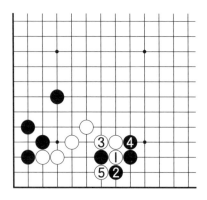

2도(예전의 정석)

이다음 백1, 3의 꼬부림은 간명한 정리법이며, 흑4로 밀어올릴 때 백5로 잡는 것이 예전의 정석 흐름이었다.

백의 실리와 변에서 흑의 두터움이 맞선 모양인데, AI는 백이 약간 소극적이라 본다.

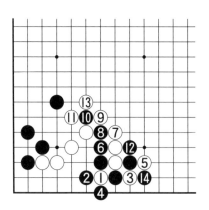

3도(적극적 끊음)

앞 그림 흑2 때 백1로 끊는 것이 적극적이지만 3, 5로 잡은 이후가 어렵다. 흑도 6, 8로 나가 10으로 끊는 것이 기세. 백11로 단수친 후 14까지는 AI의 무난한 타협 변화이며 호각으로 본다.

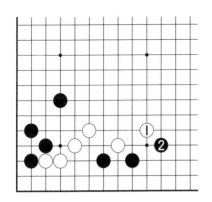

4도(국면을 넓게 이용)

1도 다음 백1은 흑2를 유도해서 국면을 넓게 이용하겠다는 뜻인데, AI의 추천 변화 중 하나이다.

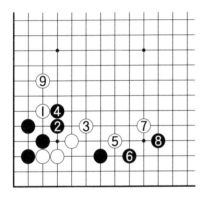

5도(활동적 발상)

1도 흑4 때, 사실 백1로 급소를 짚어가며 7까지 하변을 선수해놓고 9로 뛰는 것이 AI의 일순위 발상인데, 앞 그림보다 백이 활동적이라 본다.

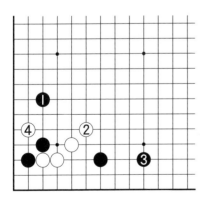

6도(진화된 두칸벌림)

거슬러 올라가, 1도 백3 때 흑1의 두칸이 발 빠르며 진화된 수단이다.

백2의 마늘모는 양쪽 변을 맞보는 탄력적 행마인데 흑3에 벌리면 백4의 치중이 맥이다.

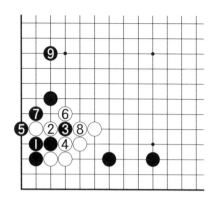

7도(수순에 약간 문제)

이다음 흑도 1 이하 7로 넘을 수 있는데, 백8로 따내면 흑도 9로 벌려 양쪽 변을 정리했으니 타협된 모습이다.

　AI는 좌변 백의 수순에 약간 문제가 있다고 보는데~

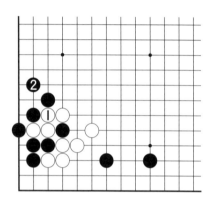

8도(효율적 모양)

앞 그림 흑7 때 백1로 잇는 것이 실전적이고 흑2로 지키면 역시 타협이지만, 앞 그림보다 백이 효율적 모양으로 본다.

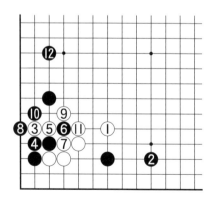

9도(백, 월등한 진행)

거슬러 올라가, 백1의 날일자 행마는 7도와 같은 수순대로 12까지 되었을 때 백 모양이 7도보다 능률적이라는 뜻이다.

　이렇게 두면 AI도 백이 월등한 진행으로 본다.

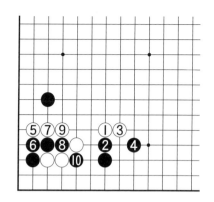

10도(흑, 치받음)

백1의 엷음을 추궁하려면 흑2로 치받는 것이 하나의 방안이다.

백은 3에 늘고 5의 치중이 모양의 급소인데, 흑도 6으로 이은 후 10까지 끊는 것이 기세이다.

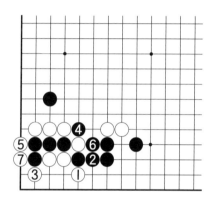

11도(변에 넘는 수순)

이다음 백도 1로 단수치고 3 이하 7까지 되면 일단 변에 넘을 수 있다.

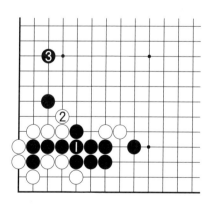

12도(흑이 잇는 경우)

계속해서 흑1로 잇고 백2로 나갈 때 흑3으로 벌리면, AI 안목에서 타협된 결과이다.

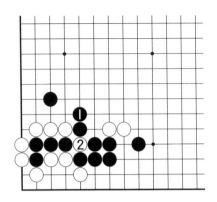

13도(국면의 요소)

11도 다음 흑1로 백진을 가두는 것이 국면의 요소이다.

백2로 넉점을 잡아도 중앙을 포위한 흑이 기분 좋은 결과로 본다.

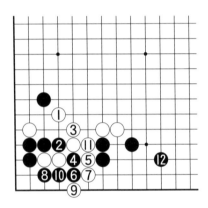

14도(유연한 날일자 행마)

10도 흑6 때 백1의 날일자로 엿보는 것이 AI의 유연한 행마이다. 흑도 2, 4로 끊은 후 귀의 두 점을 잡고 12까지 하변도 지키면 불만 없는 결과이다.

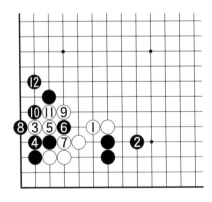

15도(AI의 복안)

10도 흑2 때 백1로 물러선 후 흑2로 지키면 백3으로 치중하는 것이 AI의 복안이다.

이하 12까지 되면 이번에는 백이 두터운 결과로 본다.

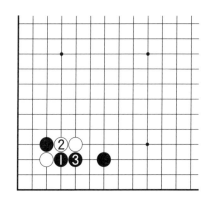

16도(흑, 안쪽 젖힘)

처음으로 돌아가서, 흑1로 안쪽
으로 젖히며 3으로 하변에 연결
하는 변화에 대해 알아보자.

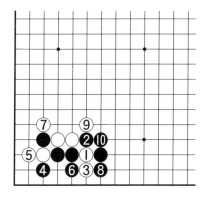

17도(알려진 정석 변화)

백1의 끼움이 풀어가는 요소인데
흑2로 위에서 단수치면 이하 10
까지가 예전부터 알려진 정석 변
화였다.

AI의 안목에서는 선수인 백이
약간 기분 좋은 결과로 본다.

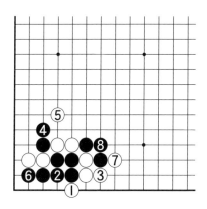

18도(백, 축이 유리할 때)

앞 그림 흑6 때 백은 축이 유리
하면 1, 3으로 나갈 수 있는데 흑
4, 6은 필연이고 백7에 흑8로 잇
고 나서~

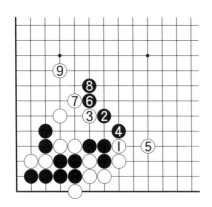

19도(모양의 급소)

백1로 밀어올리면 흑2의 뜀은 필연. 백3은 모양의 급소이며 이하 9까지 AI의 변화인데, 백이 약간 활발한 흐름으로 본다.

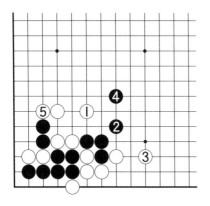

20도(일순위 추천)

18도 다음 AI의 일순위 추천은 백1의 뜀. 흑이 중앙을 보강하는 동안 백3, 5로 양쪽을 정리하면 백이 기분 좋은 흐름으로 본다.

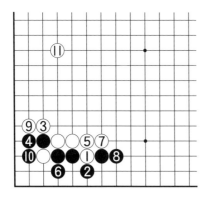

21도(흑, 아래쪽 단수)

백1에 흑2로 아래쪽에서 단수치면 백3으로 먼저 단수치고 5로 잇는 것이 안정적이다.

　　흑6으로 지키고 11까지 되면 흑이 실리를 차지한 대신 백은 좌변을 경영해서 타협인데, 백이 약간 활발한 정도로 본다.

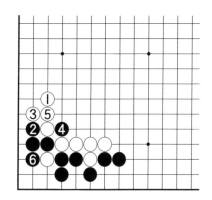

22도(선수를 잡는 방법)

앞 그림 흑8 때 백1은 이하 6까지 좌변에서 선수를 잡는 방법이다. 사실 AI는 앞 그림보다 이 그림을 선호한다.

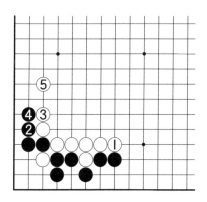

23도(실전적 대응)

21도 흑8 때 백1로 중앙을 누르면, 흑은 받지 말고 좌변을 2, 4로 선수해놓고 손을 빼는 것이 AI의 실전적 대응이다.

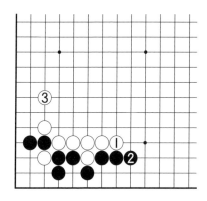

24도(흑이 중앙을 받는 경우)

백1에 흑2로 받으면 백은 3으로 더욱 두터워진다.

22도처럼 흑이 귀를 정리하면 백 선수여서, 차라리 흑도 손을 빼는 것이 실전적이지만 아무튼 백이 월등한 흐름이다.

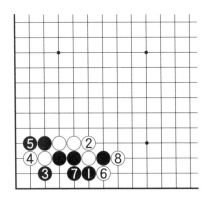

25도(그냥 잇는 경우)

거슬러 올라가 흑1에 백2로 그냥
이을 때는 흑3, 5로 좌변에서 막
는 것이 효과적이다.

　백도 6, 8로 한점을 잡으면 충
분하다.

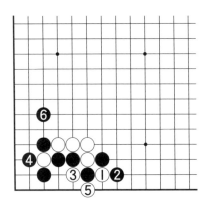

26도(백이 선수를 잡는 방법)

앞 그림 흑3으로 단수치는 시점
에서 백1로 끊는 방법도 있다. 흑
2에 백3의 양단수.

　이때 흑4로 잡고 백5에 흑6으
로 진출하면 백도 불만 없는 타
협인데, 백이 선수를 잡고 싶다면
이 그림이 유력하다.

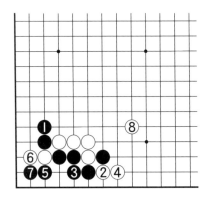

27도(흑의 축이 유리한 경우)

25도 백2 때, 하변 흑의 축이 유
리하다면 1로 뻗는다.

　백은 2, 4로 늘고 이하 8로 지
키는 것이 무난한데, 이번에는 흑
이 25도보다 좋은 모양이므로 불
만 없다.

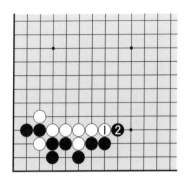

▦ 장면

이 장면에서, 백1로 누를 때 흑2로 젖히면 백은 어떻게 대응할지 생각 해보자.

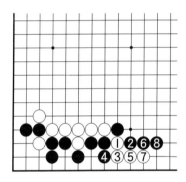

1도(끊음이 강수)

백1의 끊음이 강수로 흑이 위험하 다. 흑2, 4로 몰면 백5, 7로 밀고 나 서~

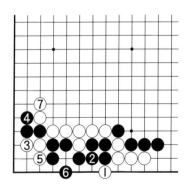

2도(백, 절대 유리)

백1을 선수하고 3, 5로 귀에서 버티 며 7로 석점을 잡으면 백이 절대 유 리한 진행이다.

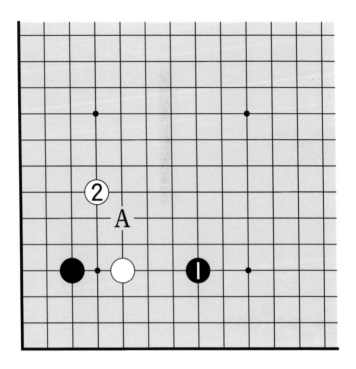

　　이번 주제는 흑1의 두칸협공인데 한칸보다 유연한 공격인 만큼 백도 운신의 폭이 넓다.

　　먼저 여기서는 백2의 눈목자씌움이 본론이며 더불어 A의 한칸뜀에 대해서도 알아본다. 특히 상식으로 알려졌던 변화에 대해 AI의 판단이 주목할 만하다.

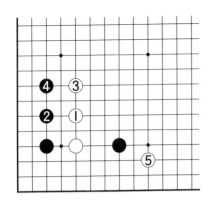

1도(보편적인 흐름)

백1, 3으로 한칸 뛰는 경우 흑이 변에서 2, 4로 받으면 백5의 협공은 AI가 권하는 보편적인 흐름이다. 백이 하변에서 공격의 주도권을 쥐지만, 흑도 실리를 선점해서 불만 없다.

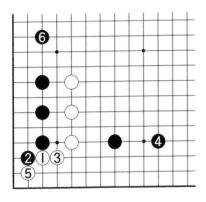

2도(흑, 하변 선점)

앞 그림 흑4 때 백1, 3은 귀를 먼저 잠식한 후 협공하겠다는 뜻으로 예전에는 상식이었다. 다음 AI의 변화는 주목할 만하다.

흑은 귀에서 손을 빼 4로 하변을 선점하고 백5 때 흑6으로 좌변도 보강하면 충분하다고 한다.

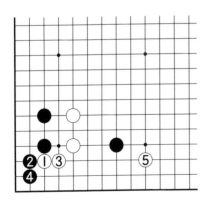

3도(협공하는 수순)

1도 흑2로 받은 시점에서 백1, 3으로 활용하면 흑4로 귀를 보강하는 것이 무난하며, 백5로 협공하는 수순을 얻을 수 있다.

이 진행이면 AI 안목에서 호각으로 본다.

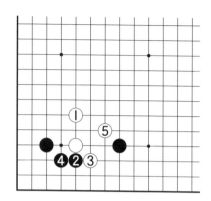

4도(흑, 귀의 실리 중시)

백1에 흑2, 4로 귀를 먼저 지키면 백5의 보강이 활동적이다.

　　AI는 흑이 귀의 실리를 중시하면 이 진행을 권한다.

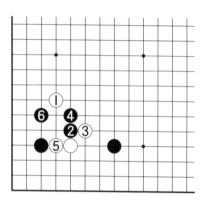

5도(백, 눈목자씌움)

처음으로 돌아가서, 백1의 눈목자씌움이 유연한 수단으로 많이 사용되며 이번 형의 본론이다.

　　흑2로 붙인 후 6까지는 상용수순이다.

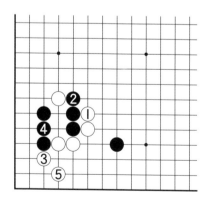

6도(호구 지킴이 간명)

이다음 백1에 흑2로 나가고 백3에 흑4로 이으면 백5의 호구 지킴이 간명하다.

　　이 진행이면 AI는 백이 귀와 중앙을 동시에 보강해서 불만 없다고 본다.

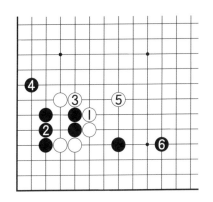

7도(귀를 중시하는 이음)

백1에는 흑도 2의 이음이 귀를 중시하는 착상이며, 이하 6까지 AI의 무난한 변화인데 호각으로 판단한다.

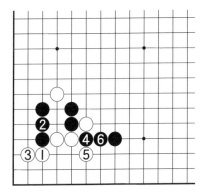

8도(백의 2안)

5도 다음 AI는 백의 두 가지 안을 제시한다.

2안부터 보면 백이 중앙 미는 것을 생략하고 1, 3으로 두라고 한다. 흑4로 끊으면 백5를 선수해서 귀의 실리를 선수로 차지하면 백의 만족으로 본다.

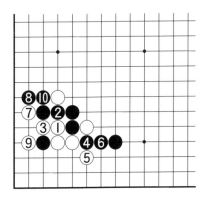

9도(백의 1안)

5도 다음 AI가 제시하는 백의 1안은 백1, 3으로 뚫고나가서 이하 10까지 선수로 귀의 한점을 품으면 실리가 돋보이는 백의 만족으로 본다.

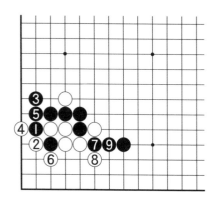

10도(흑의 손해로 판단)

앞 그림 백3 때 흑1로 먼저 젖힌 후 9까지 되면 귀에는 이득이지만, 전체 국면을 따지는 AI 안목에서는 약간 손해로 판단하므로 흑이 앞 그림보다 못하다.

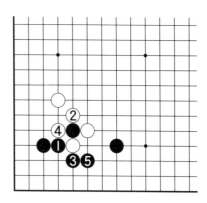

11도(흑, 미흡)

5도 백3 때 흑1로 치받고 3, 5로 변에 넘는 수법도 있지만 후수로 빵따냄을 허용하므로 초반에는 흑이 미흡하다.

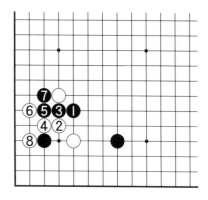

12도(흑, 밭전자 행마)

되돌아가서 흑1의 밭전자 행마는 중앙에서 차단하려는 뜻인데 백2로 가른 후 8까지 AI가 제시하는 수순이다.

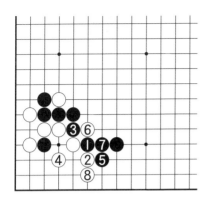

13도(백 실리가 월등)

이다음 흑이 하변을 차단하려면 1로 붙인 후 3, 5로 막는 것이 올바른 수순이고 백도 6, 8로 정돈하면 일단락이다. AI는 흑 세력보다 백 실리가 월등하다고 보며, 특별한 중앙 경영이 아니라면 흑이 선택하기 어렵다.

14도(흑의 대처법1)

눈목자씌움에 대해 AI가 제시하는 흑의 대처법은 무엇일까.

우선 흑1의 한칸을 생각할 수 있다. 백2로 막으면 흑3, 5로 끊는 것이 강수이다. 백6에 흑7로 되고 나서~

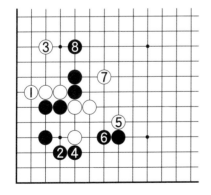

15도(흑, 국면 주도)

좌변 백1로 엿보면 흑2의 지킴이 무난하다.

백3에 벌리면 흑4로 넘은 후 8까지 AI의 변화인데, 서로 어렵지만 흑이 국면을 주도하는 싸움으로 본다.

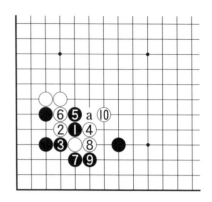

16도(흑, 소극적 선택)

14도 백2 때 흑1로 붙인 후 9까지 변에 넘는 것은 소극적 선택이다.

백은 축이 유리하면 a로 잡아 좋고, 축이 불리해도 10의 마늘모로 국면을 주도할 수 있다.

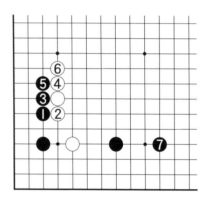

17도(적당한 타협)

흑1에는 백2로 위에서 막는 것이 두터운데 흑3, 5로 밀고 하변 7로 벌리면 AI는 적당한 타협이라 본다.

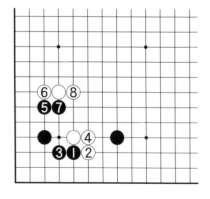

18도(흑의 대처법2)

흑1, 3으로 귀를 노골적으로 지키는 방안도 제시한다. 예전 같으면 하수의 행마 아니던가.

백4로 이으면 흑5, 7을 선수해 놓고 손을 빼서 무난한 타협으로 본다.

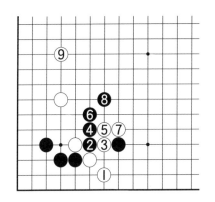

19도(마늘모 행마도 일책)

앞 그림 흑3 때 백은 잇지 않고 1의 마늘모 행마도 일책이다.

흑2로 끊으면 백3, 5로 치고나 간 후 9까지 AI의 정리법인데, 어쨌든 서로 타협으로 본다.

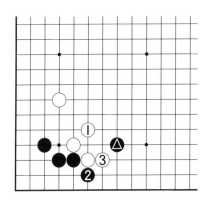

20도(중앙으로 호구)

18도 흑3 때 백이 잇더라도 중앙으로 1의 호구도 유력하다. 흑2에 백3으로 활용되지만 ▲도 고립되므로 서로 타협이라고 본다.

19도와 20도를 보면 AI의 자유자재한 감각을 느낄 수 있다.

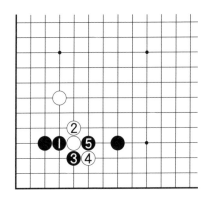

21도(치받고 끊는 변화)

되돌아가서 흑1로 치받고 백2에 흑3, 5로 끊는 변화에 대해서도 알아보자.

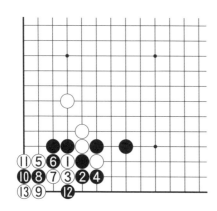

22도(필연)

일단 백1로 단수치면 다음 3, 5
의 뜀은 필연이다.

　흑6, 8로 끊으면 이하 13까지
도 필연인데~

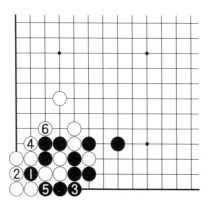

23도(귀삼수에 효과적 대처)

흑1로 먹여치고 3의 이음은 귀삼
수로 알려진 유명한 수순이다.

　백도 4, 6의 수순으로 조이면
서 석점을 버리는 것이 효과적
대처이다.

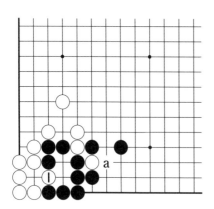

24도(흑, 불리)

이다음 백1로 되따내면 a로 나가
는 맛도 있어 흑이 불리한 결과
이다.

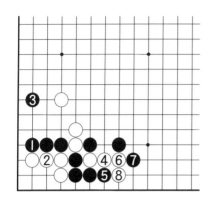

25도(막는 것이 정수)

22도 백5 때 흑1로 막는 것이 정수이며 백2로 잇는다.

흑3으로 근거를 확보하며 수를 늘리면 백4로 나간 후 8까지 AI가 제시하는 필연의 수순이다.

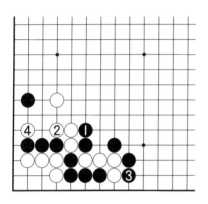

26도(바꿔치기)

이다음 흑1로 밀면 백4까지 바꿔치기가 되며, AI 안목에서 흑이 불만 없는 타협으로 본다.

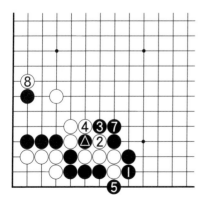

27도(흑이 돌려치는 변화)

25도 다음 흑이 좌변에 영향을 주지 않으려면 1로 누르고 3, 5로 돌려치며 7로 잇는다. 백도 8의 붙임이 강수이다.

⑥‥▲

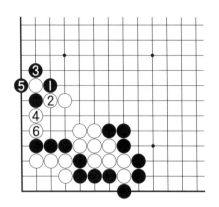

28도(적당한 타협)

이다음 흑1, 3으로 한점을 잡는 것이 무난하며 백도 4, 6으로 석 점을 잡아서 일단락이다.

이 진행은 AI 안목에서 적당 한 타협이지만, 흑이 26도보다 못하다.

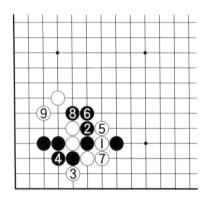

29도(백, 유리)

21도 다음 백1의 하변 단수는 AI의 일순위 추천이다. 흑2로 나 가면 백3, 5로 돌파하며 7로 잇 는다. 흑8에 백9로 대응하면 백 이 유리한 흐름으로 본다.

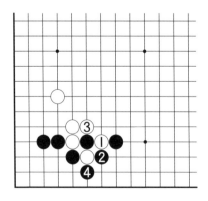

30도(흑의 부담)

백1 단수에는 흑2, 4로 넘는 것 이 간명하다고 보는데, 아무튼 패 맛이 남은 것은 흑의 부담이다.

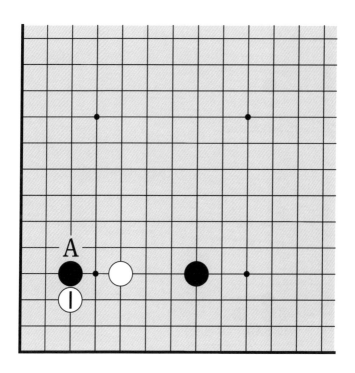

이번 주제는 두칸협공에서 귀쪽 붙임이다. 통상 귀의
붙임이라면 A의 바깥쪽이 상식이었는데, 실리를 중시하
는 AI는 배후에 협공이 있는데도 서슴없이 1의 안쪽 붙
임을 둘만하다고 본다. 따라서 백1이 당당한 주역이며,
더불어 A에 대해서도 알아본다.

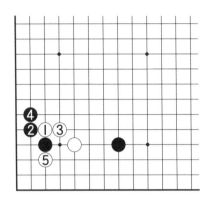

1도(백, 바깥쪽 붙임)

백1로 바깥쪽에 붙이면 흑2, 4로 2선에 나가는 것이 무난한 행마이다.

백은 5로 추궁하는 것이 모양의 급소인데~

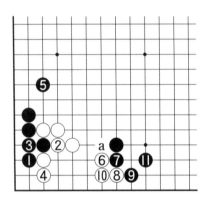

2도(간명한 타협)

흑1로 젖히면 백2, 4는 귀의 요소이고 이하 11까지 서로 안정하면 예전부터 많이 두던 간명한 타협이다.

수순 중 백8로는 a에 밀어 정리할 수도 있다.

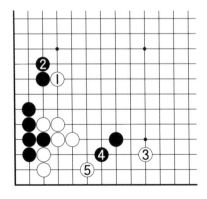

3도(주도적 착상)

앞 그림 흑5 때 백1로 붙여 활용해놓고 3의 협공도 AI의 주도적 착상이다. 흑4에는 백5가 수비의 요소이다.

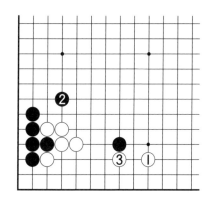

4도(무난한 타협)

2도 흑3 시점에서 백1의 협공도 유력하다.

흑2로 진출하고 백3으로 넘으면 서로 무난한 타협이다.

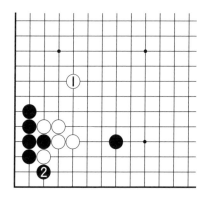

5도(백, 중앙 중시)

2도 흑3 때 백이 중앙을 중시하면 1로 진출하는데 흑도 2로 근거의 요소를 두면 불만 없다.

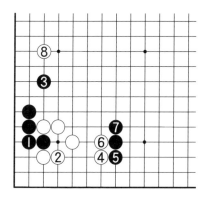

6도(백, 국면 주도)

1도 다음 흑1로 잇는 것은 AI 관점에서 약간 느슨하다.

백은 2 이하 6까지 알기 쉽게 안정한 후 8로 좌변을 공격하며 국면을 주도한다.

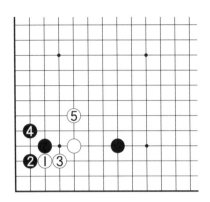

7도(백, 안쪽 붙임)

처음으로 돌아가서, 백1로 안쪽에서 붙이고 5까지 중앙으로 나가면 허술한 모양으로 쫓긴다 해서 그동안 둘 수 없던 금기의 행마였다.

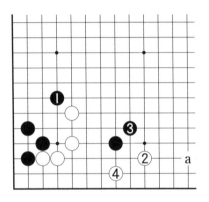

8도(협공하며 맞섬)

이다음 흑1로 진출하면 백은 전체가 미생이지만 2로 협공하고 a쪽 벌리든지 4로 파고들며 맞설 수 있다.

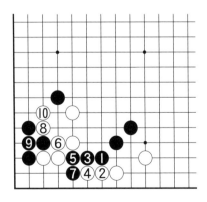

9도(흑, 하변 차단)

여기서 흑이 1 이하 7로 하변을 차단하려는 것은 백8, 10으로 좌변이 뚫려 흑이 좋을 것이 없다.

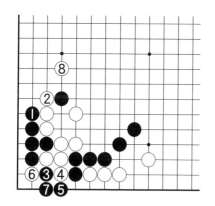

10도(백, 충분)

이다음 흑1, 3이면 흑 전체가 연결되어 후환이 없지만, 백도 6의 활용 후 8로 정돈하면 충분하다.

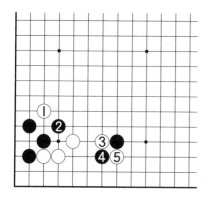

11도(주도적 착상)

7도 흑4 때 백1의 활용 다음 3의 붙임도 AI의 주도적 착상이다.

흑4로 젖히면 백5의 맞끊음이 행마의 맥이다.

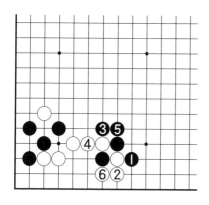

12도(흑, 중앙 중시)

이다음 흑이 중앙을 중시하면 1, 3의 단수를 활용하며 6까지.

AI는 흑이 실리는 허용하지만 무난한 타협으로 본다.

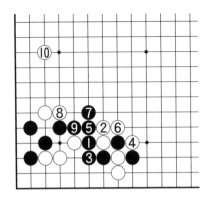

13도(흑, 실리 중시)

앞 그림 백2 때 흑1, 3으로 단수
치고 잇는 것은 실리를 중시하는
방법이다.

백4로 단수친 후 10까지 AI의
변화인데, 백도 실리는 허용했지
만 두텁게 정리해서 무난한 타협
으로 본다.

14도(흑이 나가는 변화)

앞 그림 백4 때 흑1로 나가면 백
2로 늘고 나서 6까지 AI의 간명
한 변화를 기억해둔다.

좌변은 흑이 7, 9로 나간 후
11로 살아두면 그동안 백도 선수
로 중앙을 유연하게 정리해서 무
난한 타협이다.

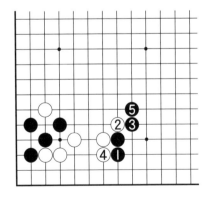

15도(흑이 느는 변화)

11도 백3 때 흑1로 늘면 백2, 4
로 젖히고 막는 것이 효과적 행
마이고 흑도 5로 올라서는 것이
힘차다.

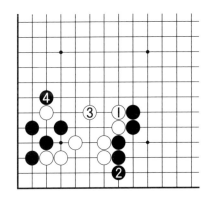

16도(서로 보강하며 타협)

이다음 백1에 흑2, 백3에 흑4로
보강하면 서로 무난한 타협이다.

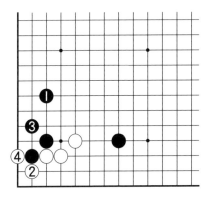

17도(AI의 전매특허)

7도 백3 때 흑1의 벌림도 일책이
다. 백2로 젖히면 흑3의 호구로
백4의 단수를 유도한 뒤 손을 빼
는 수법은 AI의 전매특허이다.

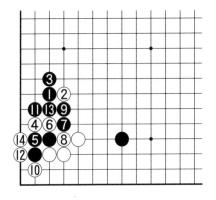

18도(기발한 발상)

흑1로 벌릴 때 백은 축이 유리하
면 2의 붙임을 활용한 후 4의 치
중도 AI의 기발한 발상이다.

백6, 8에 흑9로 물러서야 하며
이하 14까지 백은 석점을 잡을
수 있다. 흑도 좌변이 두터워서
서로 어울린 진행이다.

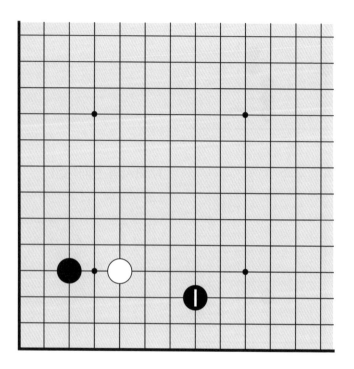

　공격 정석의 마지막 주제는 흑1의 두칸낮은협공 또는
눈목자협공이라 불러도 좋은데 AI가 알려주는 회심의
공격 수단이다.

　귀와 연결도 어려워 엉성해 보이는 협공이지만 효율
을 중시하는 AI는 모양에 구애받지 않는데, 이후의 공방
에 대해 알아본다.

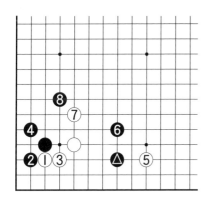

1도(전매특허 붙여끌기)

두칸낮은협공에서도 AI의 전매특허 백1, 3의 붙여끌기는 유효하다. 다만 변쪽 백5의 협공은 흑❹가 귀쪽과의 연결을 차단하는 위치에 있어 6, 8로 공격하면 백이 일방적으로 쫓길 우려가 있다.

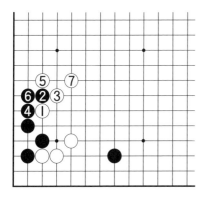

2도(백, 두터움)

앞 그림 흑4 때 좌변 백1로 흑 모양의 급소를 짚으며 풀어가는 것이 AI가 제시하는 하나의 방안이다. 이때 흑2의 맥을 구사하며 이하 7까지 서로 모양을 갖추면 백이 두텁다고 본다.

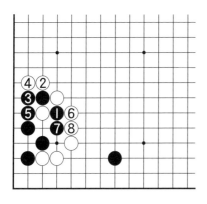

3도(싸바르면 충분)

앞 그림 백3 때, 흑1의 끊음이 능동적이지만 백도 2, 4로 막고 8까지 싸바르면 충분하다.

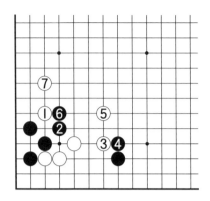

4도(간명하지만 소극적)

백1에 흑도 2로 나가는 것이 보통이며, 이하 7까지 백이 한칸으로 뛰어가는 행마는 간명하지만 약간 소극적이다.

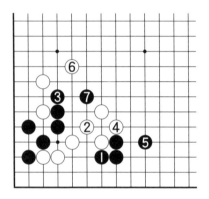

5도(행마의 리듬)

이다음 흑1, 3은 모양의 요소이며 이하 7까지 AI가 보여주는 행마의 리듬인데, 흑이 불만 없는 타협 흐름이다.

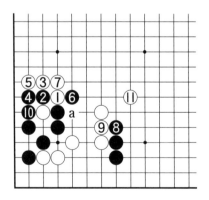

6도(백, 두터운 정리)

4도 흑6 때 백1의 젖힘이 일단 힘차다. 흑2로 끊으면 백3, 5로 막은 후 11까지 AI가 보여주는 변화인데, 백이 a의 끊음도 노리며 두텁게 정리되어 기분 좋은 흐름으로 본다.

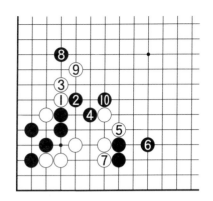

7도(중앙 전투)

백1로 젖히면 흑2, 4로 나가는 것이 기세이며 이하 10까지 자연스레 중앙으로 싸움이 확대된다.

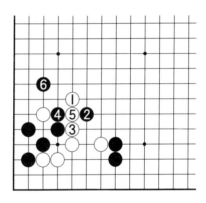

8도(중앙 관통)

4도 흑4 때 백1의 날일자 포위도 생각할 수 있다.

이때 흑2로 가르고 나와 백3, 5로 관통하면 흑6으로 좌변이 안정돼도 흑이 미흡하다.

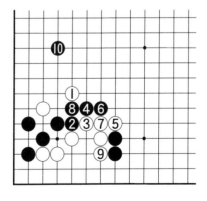

9도(백의 리듬)

백1에 흑2, 4로 단도직입적으로 젖히면 백5의 호구로 나가는 자세가 생겨 백의 행마가 리듬을 탄다. 흑6, 8로 잇고 나서 백9는 온건한 지킴이지만 흑10으로 요처를 허용해도 선수인 백이 불만 없는 타협으로 본다.

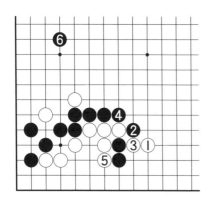

10도(백도 부담)

앞 그림 흑8 때 백1 씌움도 강수이지만 흑2, 4가 활용되고 6으로 흑 모양이 커져 백도 부담이 된다. 백이 불리하지는 않아도 앞 그림보다 낫다고 볼 수 없다.

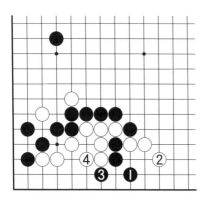

11도(활용하는 맛)

하변 백진에는 차후 흑이 1, 3으로 활용하는 맛이 남아있어 백도 조심할 일이다.

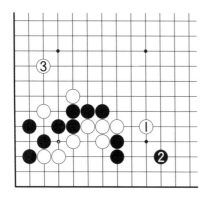

12도(국면을 유연하게 주도)

9도 흑8 때 차라이 백은 1로 뛰고 흑2를 유도한 뒤 백3으로 좌변을 보강하는 것도 국면을 유연하게 주도하는 방법이다.

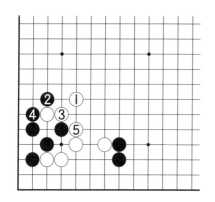

13도(흑, 현명한 대응)

백1에는 흑도 당장 포위를 뚫고 나가기보다 변쪽을 건드리며 풀어가는 것이 현명한 대응이다.

그러면서 AI가 보여주는 무난한 변화는 흑2로 붙인 후 5까지 되면 호각으로 판단한다.

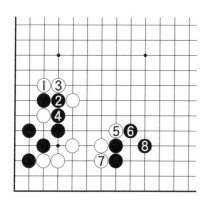

14도(한점을 품어서 충분)

앞 그림 흑2 때 백1로 붙여 좌변을 차단하면 흑2, 4로 한점을 품어서 충분하다.

하변 백5로 젖힌 후 8까지는 AI의 정리법이다.

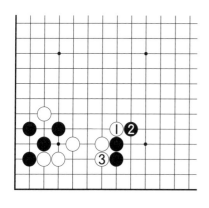

15도(실전적 발상)

거슬러 올라가, 4도 흑4 때 백1, 3으로 젖히고 막는 것도 AI의 애용 수단이다. 발은 느리지만 자체로 안정해놓고 싸우려는 실전적 발상인데, 이후는 서로 어렵지만 백이 불만 없다고 본다.

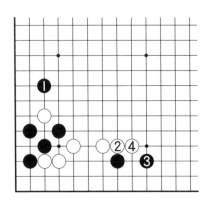

16도(각자의 길을 가며 타협)

4도 백3 때 흑1로 좌변부터 보강하는 것도 AI의 유연한 선택이다. 백도 2, 4로 압박해서 각자의 길을 가며 타협하는 흐름이다.

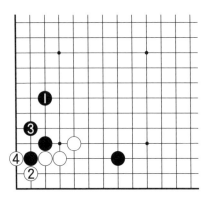

17도(발 빠른 전략)

되돌아가서, 1도 백3 때 흑1로 벌린 후 백2, 4를 유도해서 흑이 손을 빼는 것은 앞 형에서도 보았던 발 빠른 전략으로 알아둔다.

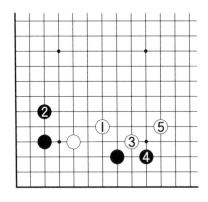

18도(귀와 변을 맞봄)

처음으로 돌아가서, 백1의 날일자 행마는 귀와 변을 맞보겠다는 뜻이다.

흑2로 귀에서 받으면 백3, 5로 변을 압박해서 호각으로 본다.

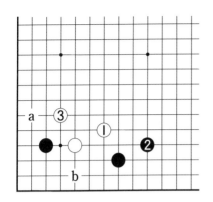

19도(흑이 하변에서 받는 경우)

백1에 흑이 하변에서 받는다면 2의 날일자 행마가 무난하다.

백도 3의 날일자로 씌우는 정도이며, 여기서 흑이 a와 b를 맞보기로 보고 손을 빼도 좋다는 것이 AI의 견해이다.

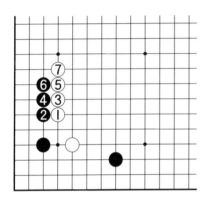

20도(실리와 세력 대결)

처음부터 백1로 씌우는 것도 일책이다.

흑2로 붙일 때 백3으로 늘고 7까지 되면 실리와 세력 대결로 타협한다.

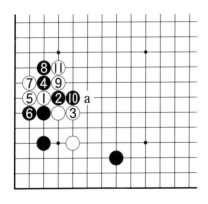

21도(백의 강수)

앞 그림 흑2 때, 백은 축이 유리하면 1의 젖힘이 강수이다.

흑2로 끊으면 백3에 늘고 나서 11까지 필연인데, 다음 흑은 a의 축을 방비해야 한다.

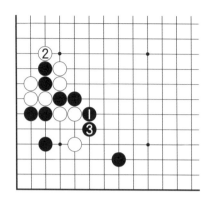

22도(백, 충분)

사실 흑도 1, 3으로 축을 방비하며 공격을 가할 수 있다.

이 결과를 놓고 AI는 백이 충분하다고 보는데, 수세에 몰린 백 일단의 타개가 어렵지 않기 때문이라고 한다.

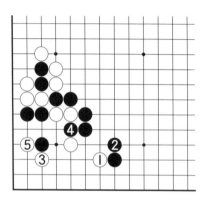

23도(백의 타개)

그러면서 타개의 예를 보여준다. 백1로 변에 공작을 해놓고 3으로 붙이면 흑4로 잡는 정도인데 백5로 젖히면 귀에서 근거를 확보하며 사는 데 문제없다.

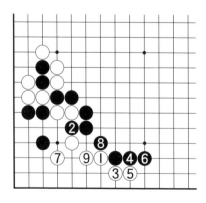

24도(변에서 삶)

백1로 붙일 때 흑2로 잡으면 백은 3으로 젖힌 후 9까지 변에 근거를 마련해서 살아도 충분하다.

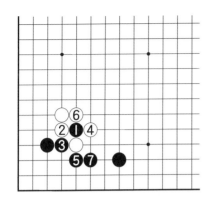

25도(흑, 착실한 실리)

흑1로 건너붙이며 싸움을 걸면 어떻게 될까.

이때 백2, 4로 잡는 것은 흑5, 7로 건너가서 흑의 실리가 착실하다.

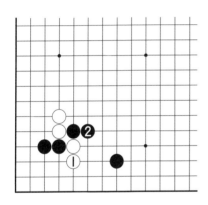

26도(차단해서 싸움)

앞 그림 흑3 때 백1로 차단해서 싸우는 것이 기세인데, 이 진행은 '날일자걸침—두칸협공'에서 싸우는 수순과 같다. 흑이 2로 늘면 어려운 싸움을 펼치는데 자세한 변화를 알고 싶다면 〈소목 정석 1〉권을 참조한다.

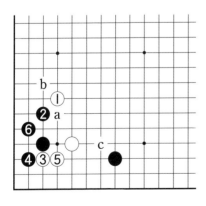

27도(백, 눈목자씌움)

백1의 눈목자씌움도 생각할 수 있다. 흑2의 한칸이 무난한 행마이며 백3에 붙이면 흑4, 6의 양호구가 견실한 수비이다.

다음 백a로 막으면 흑b의 진출로 충분하다. AI는 백도 b나 c의 선택을 권한다.

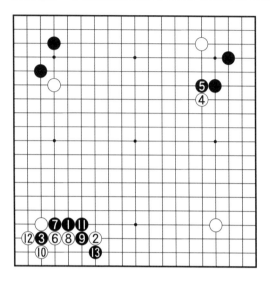

실전 1

흑1의 한칸걸침에 백2
의 날일자 협공 이후 변
화가 초점이다.

흑3에 백4는 축을 대
비한 활용이며 이하 13
까지 교묘한 타협이 이
루어졌다.

수순 중 백10의 단수
때 흑11의 이음은 축과
관련이 있다.

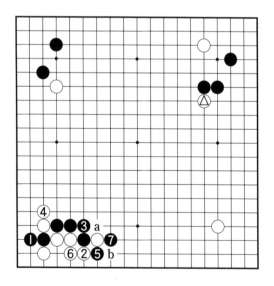

참고도(축은 곤란)

실전 백10 때 흑1로 나
가면 백2를 선수하고 4
로 뻗는 수순이 효과적
이다. 지금은 흑5, 7로
몰면 백이 △의 축머리
덕분에 a로 나갈 수 있
어 흑이 곤란하다.

사실 AI는 흑7 대신
b로 늘어도 타협이 된
다고 보고있다.

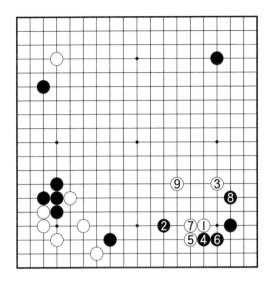

실전 2

좌반부 포석이 끝나고 우하귀 백1의 걸침에 흑2의 두칸협공이 초점. 백3의 씌움이면 흑4 이하 8로 실리부터 차지해도 충분하다는 것이 AI시대의 정평이다. 백은 9로 가볍게 지키며 중앙에서 국면을 주도하려는 참이다.

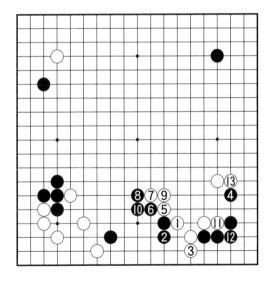

참고도(AI 추천)

실전 흑6 때 백이 지키더라도 지금은 1, 3의 수순이 탄력적이라 보는데, AI 특유의 국면을 주도하기 위한 행마법이다. 흑4로 지키면 백5 이하 13까지 중앙에서 치열한 공방을 거치며 백이 능동적으로 정리하는 흐름이다.

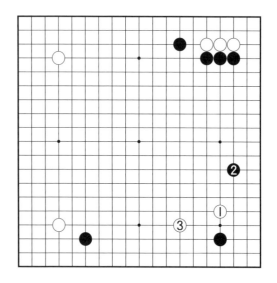

실전 3

우하귀 백1 걸침에 흑2
의 눈목자협공이 AI시
대에는 생소하지 않다.

흑은 우상쪽 두터움
을 배경으로 우변에서
국면을 주도하려는 뜻
인데, 백은 3의 눈목자
씌움으로 가볍게 대응
한 장면이다.

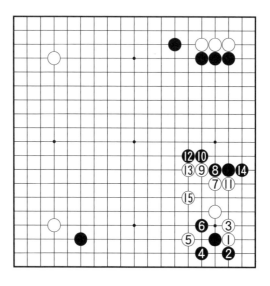

참고도(AI 추천)

실전 흑2 때 AI의 무난
한 변화는 백1로 귀부
터 공략하며 15까지. 서
로 모양을 알기 쉽게 정
리하고 있다.

여기서 주안점은 백
이 협공을 당한 상황에
서도 귀의 붙여끌기로
알차게 싸움을 주도해
간다는 발상이다.

3부

두칸걸침과
외목·고목의 핵심

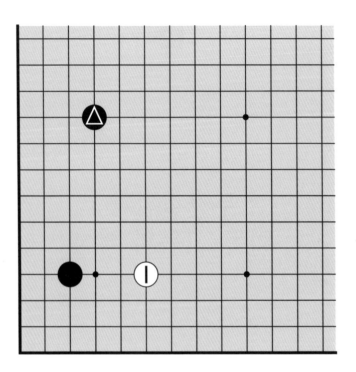

　소목에 백1의 두칸걸침은 변과 중앙도 고려한 작전이
다. 실리가 취약해 단독으로는 거의 두지 않지만 흑▲와
같은 상대 병력이 포진할 때 눈목자걸침과 마찬가지로
국면을 넓게 사용하려는 전략적 선택인데, 이후의 핵심
변화에 대해 알아본다.

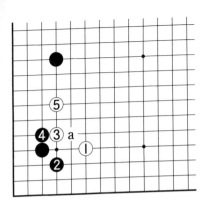

1도(흑, 마늘모 지킴)

백1의 두칸걸침이면 일단 흑2의
마늘모 지킴이 안정적이다.

백도 3, 5로 좌변에 진입하는
것이 자연스럽다. 여기서 만일 흑
a로 차단하면, AI는 백도 일일이
대응하지 말고 손을 빼는 것이
현명하다고 본다.

2도(활동적 행마)

이다음 흑1로 끼우면 백2 다음 4
의 날일자가 활동적 행마로 AI가
추천한다.

그러니까 흑도 초반이라면 앞
그림 다음 손을 빼는 것이 현명
하다.

3도(무난한 지킴)

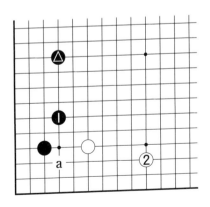

흑▲와 같은 배치에서 두칸걸침
이 주로 시도되는데, 변을 향해
흑1과 백2로 지키면 무난하다.

차후 a는 서로 근거를 다투는
요소이다.

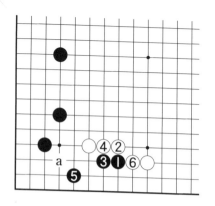

4도(위험한 침입)

이다음 흑1의 침입은 위험한 발상이다.

백2로 막은 후 6까지 되고 나서 흑이 a쪽 엷음을 또 지켜야 한다면 발이 늦다.

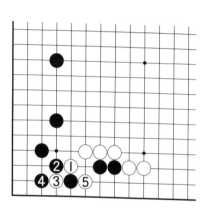

5도(교묘한 맛)

흑이 침입하고 나서 여기를 방치하면 차후 백1, 3으로 맞끊고 5로 두점을 잡는 교묘한 맛이 남아있다.

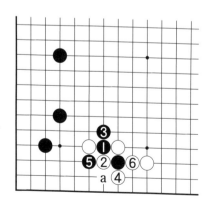

6도(흑이 끼우는 경우)

4도 백2 때 흑1로 끼우면 백2, 4로 잡는다.

흑5와 백6 다음 흑a의 단수가 기세인데, 패가 부담이 되어 물러서야 한다면 침입으로 얻은 성과가 미약하다.

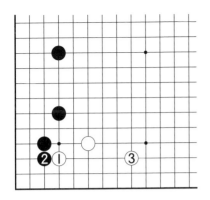

7도(효율적 행마)

AI 안목에서는 백이 하변으로 향하기 전에 1로 활용하고 3의 벌림을 효율적 행마로 추천한다.

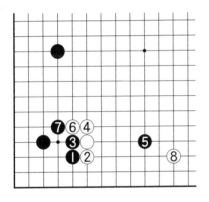

8도(하변에서 싸움을 유도)

흑1, 3으로 귀를 넓게 지키면서 5로 협공하면 백6의 꼬부림이 요소인데, 〈소목 정석 1〉 '눈목자걸침'에서도 보았던 장면이다.

　　AI의 새 변화를 소개하면, 우선 흑7로 막을 때 백8의 협공은 하변에서 싸움을 유도한다.

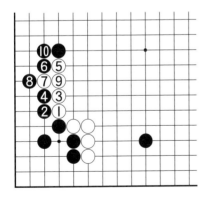

9도(백, 좌변에 진입)

앞 그림 흑7 때 백1, 3으로 좌변에 진입하면 흑4에 백5로 붙인후 10까지 AI가 보여주는 수순이다.

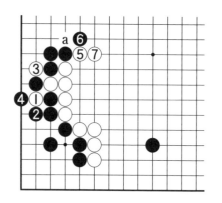

10도(응수타진)

이다음 백1의 끊음은 응수타진. 흑2로 잡으면 백3을 활용한 후 5, 7로 중앙을 강화하며 a의 단점을 노릴 수 있다.

물론 흑도 실리가 견실해서 불만 없다.

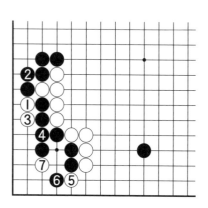

11도(귀에 문제가 발생)

백1에 흑2로 이으면 귀에 문제가 발생한다. 백3, 5 다음 7의 붙임이 맥점이다.

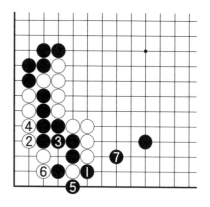

12도(백의 대성공)

이다음 흑1로 한점을 잡을 때 백2, 4로 조인 후 6으로 막아 귀를 통째로 차지한다. 흑7로 연결하지만 결과는 백의 대성공이다.

사실 앞 그림 백5에 흑도 7로 물러서야 하며 귀에서 활용된 만큼 백이 기분 좋다.

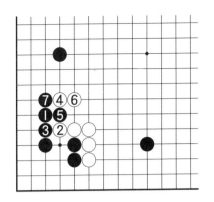

13도(흑, 한칸 수비)

8도 백6 때 흑1의 한칸 행마도 많이 두는 수비이다.

　백2, 4에 흑5, 7로 받는 것은 싸움을 피하는 온건한 수단이다.

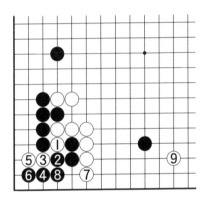

14도(협공 가치를 높이기 위함)

이다음 백1, 3으로 끊은 것은 흑4, 6에 백7을 활용해서 9로 협공하는 가치를 높이기 위함이며 AI는 호각으로 본다.

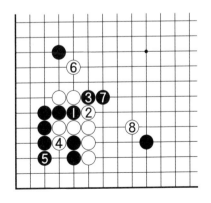

15도(흑이 싸우는 경우)

13도 백6 때 흑1, 3으로 끊으면 싸움을 피할 수 없다. 백4에 흑5의 후퇴는 귀에서 활용을 피하려는 AI의 감각이다. 흑7에 백8로 나가며 싸움이 확산된다.

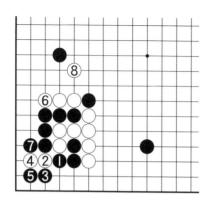

16도(좌변이 선수로 활용)

앞 그림 백4 때 흑1로 받으면 백
도 2, 4 다음 6의 막음이 선수로
활용되어 좌변 백 모양이 활발하
다. 서로 어려운 싸움이다.

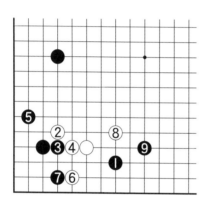

17도(무난한 흐름)

흑1로 협공하는 경우에 대해 알
아보자. 변쪽 백2에 흑3, 5로 받
은 후 9까지 되면 일단 무난한
흐름이다.

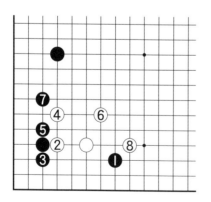

18도(백이 주도하는 흐름)

흑1 협공에 백2의 치받음이 강
수. 흑3으로 귀쪽에 늘면 백4, 6
으로 모양을 갖추며 흑이 7로 좌
변에 넘어갈 때 백8로 압박하면
백이 주도하는 흐름이다.

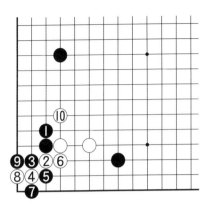

19도(이단젖힘이 행마법)

앞 그림 백2 때 흑1로 변쪽에 늘면 백2, 4의 이단젖힘이 행마법이다.

흑5 이하 9로 잡으면 백10의 씌움이 요소이며~

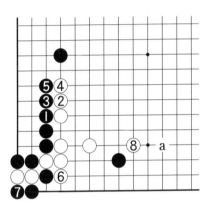

20도(백, 유리)

흑1 이하 5로 넘을 때 백6 다음 8로 압박하든가 a로 협공하면 좌변에 쌓은 벽을 배경으로 공격하는 흐름이 되어 백이 유리한 흐름이다.

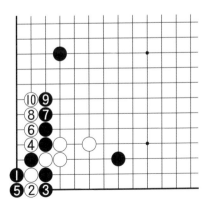

21도(위험한 단수)

19도의 수순 중 흑1, 3의 단수는 잡는 방향이 잘못되어 위험하다. 백4 이하 10까지 기어나가면~

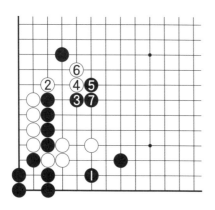

22도(필연)

흑1의 연결이 절대일 때 백2로 젖히면 흑3에 받고 백4에 흑5, 7의 지킴도 필연이다.

언뜻 양쪽 백이 쫓겨서 곤란할 것 같지만~

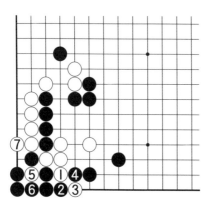

23도(귀의 치명적 약점)

귀에는 치명적인 약점이 있다. 백1 이하 7까지 추궁하면 패가 발생하는데 백의 선패 아닌가.

아무튼 20도보다 백이 더욱 유리한 흐름이다.

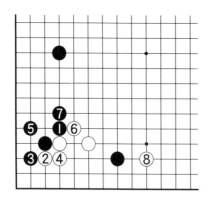

24도(흑, 변쪽 젖힘)

18도 백2 때, 흑은 귀든 변이든 젖히는 것이 주도적 행마이다.

흑1로 변에 젖히는 경우 백2 다음 흑3의 이단젖힘이 강수이다. 백도 4, 6으로 모양을 갖추고 8로 협공하면 서로 어려운 싸움이 전개된다.

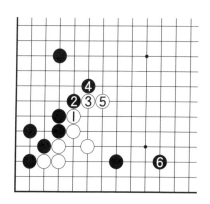

25도(백, 중앙 정리)

앞 그림 흑7 때, 백은 1로 밀어서 5까지 중앙을 두텁게 정리할 수도 있다.

　흑도 재빨리 6으로 벌리면 서로 싸움을 피하며 타협하는 흐름이다.

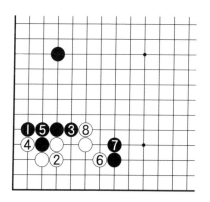

26도(좌변을 키우려는 작전)

24도 백2 때 흑1, 3은 좌변을 키우려는 작전이다.

　백도 4의 단수를 결정한 후 6, 8로 나가면 불만 없다.

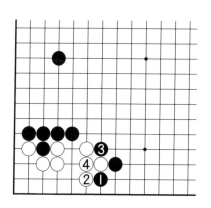

27도(손빼기 작전)

앞 그림 백6 때 흑1, 3은 다음에 손을 빼기 위한 선수 활용이다.

　AI가 추천하는 손빼기 작전으로 알아두기 바란다.

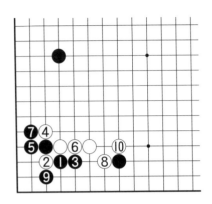

28도(흑, 귀쪽 젖힘)

18도 백2 때 흑1로 귀쪽 젖힘이면 백2로 맞끊는 것이 맥이다.

흑3에 늘 때 백4, 6은 온건한 이음이며, 이하 10까지 AI의 변화인데 적절한 타협으로 본다.

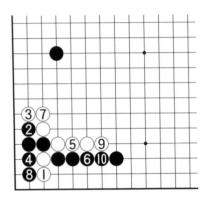

29도(백, 선수로 두텁게 정리)

앞 그림 흑5 때, 백1로 늘고 흑2에 백3의 젖힘이 교묘한데 백 모양이 허술해도 함부로 건드릴 수 없다. 결국 흑4로 지켜야하고 백5, 7로 보강하면서 10까지 되면 백이 선수로 모양을 두텁게 정리해서 불만 없다.

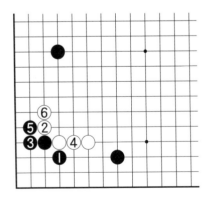

30도(백, 좌변 젖힘)

흑1에 좌변으로 백2의 젖힘도 일책이다.

흑3에 늘고 6까지 AI가 보여주는 무난한 타협책이다.

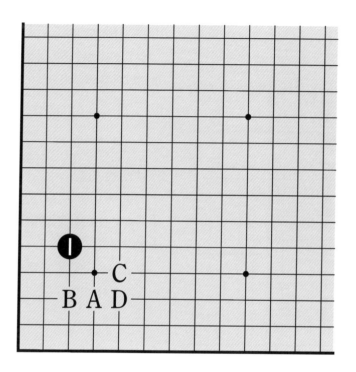

　이번 주제는 흑1의 외목에 걸치면서 벌어지는 정석 변화이다. 실전에서는 손빼기가 주특기인 AI의 영향으로 소목에서 출발해 외목 정석으로 전환되는 경우가 많다. 백A와 B의 걸침이 주류이며, 더불어 C, D의 걸침에서 핵심 변화와 전략적 걸침에 대해서도 알아본다.

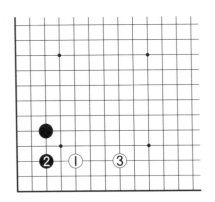

1도(밭전자걸침)

백1의 밭전자 걸침은 흑2로 귀의
실리를 허용해도 백3으로 변에서
안정하겠다는 뜻이다.

　백이 소극적이지만 외목에서의
싸움을 피하려는 간명책이다.

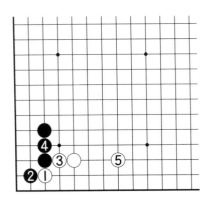

2도(특별한 방법)

앞 그림 흑2 때 귀에서 백1, 3을
활용하고 5로 안정하는 특별한
방법도 있다.

　흑 모양이 단단해진 대신 귀에
백의 노림이 있다.

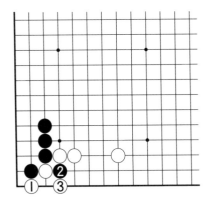

3도(패로 버티는 노림)

백의 노림이란 차후 백1로 젖히
고 흑2에 백3의 패로 버틴다는
계산이다.

　다만 초반에 이런 지엽적인 기
술은 바람직하지 않다.

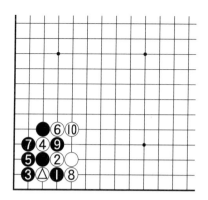

4도(백, 두터운 결과)

백△에 흑1로 반발하면 백은 2로 끊은 후 10까지 변화해서 두터운 결과이다.

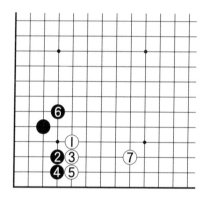

5도(고목 자리 날일자걸침)

백1의 고목 자리 날일자걸침도 귀에서 싸움을 피하는 소극적인 방법이다. 흑2로 귀를 지킨 후 7까지 예전의 정석 변화인데 AI의 평은 실리가 충실한 흑이 편하다고 본다.

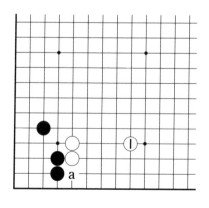

6도(간명한 벌림)

앞 그림 흑4 때, AI는 백도 a 막음을 생략하고 1의 벌림이 간명하며 앞 그림보다 약간 낮다고 본다. 하변이 열려있기에 이처럼 높게 벌리는 것이 안정적이다.

물론 바둑은 귀가 우선이기에 흑도 불만 없다.

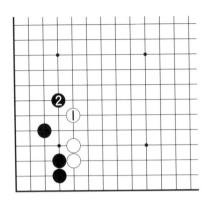

7도(단순한 뜀)

백이 중앙을 지향하는 경우, 단순히 백1로 뛰면 흑도 2로 진출해서 충분하다.

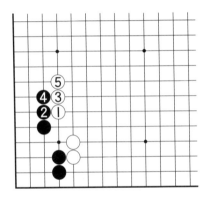

8도(능동적 씌움)

백은 1로 씌우는 것이 능동적이며 이하 5까지 되면, 백이 중앙을 운영하기에는 순조로운 흐름이다. 흑도 싸움을 피하려면 이 진행이 편하지만 약간 소극적이다.

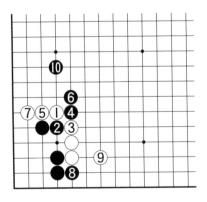

9도(끊는 것이 강수)

백1에는 흑2, 4의 끊음이 강수이다. 백5, 7로 귀를 엿보는 동안 흑8로 보강하면서 10으로 싸움을 유연하게 주도하는 것이 AI의 운영법이다. 이후는 서로 어렵다.

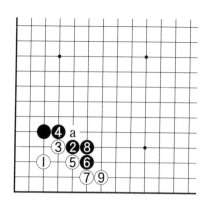

10도(백, 3三걸침)

백1의 3三걸침은 AI도 인정하는 실리 위주의 적극적인 수단이다.

흑2의 날일자씌움이면 백3부터 붙이면서 9까지 예전에는 백이 눌려 좋지 않다고 했는데, 오히려 AI는 백이 a의 약점을 노리면서 둘만하다고 본다.

11도(귀의 대응법)

차후 흑1, 3으로 귀를 공략하면 백은 4 다음 a가 아닌 6에 잇는 것이 정수라고 한다.

12도(흑, 좌변 경영)

10도 백5 때, 차라리 흑은 1로 늘고 5까지 좌변을 경영하는 것도 AI의 두터운 선택이다.

백도 하변에 진출하며 선수이기에 불만 없다.

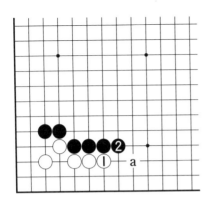

13도(손빼기 위한 밀기)

백이 하변에서 선수를 잡고 싶다면 1로 한번 더 밀고 손을 빼도 된다.

다만 백이 a의 진출을 위한 밀기라면 흑이 그만큼 두터워질 우려가 있다.

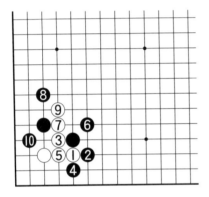

14도(백, 미생)

흑이 씌울 때 백1부터 붙이고 3으로 수순을 바꾸면 흑4로 단수치고 6으로 변신한다.

백7에 흑8, 10이면 백이 졸지에 미생으로 쫓겨 흑도 분단되었지만 서로 어려운 싸움이다.

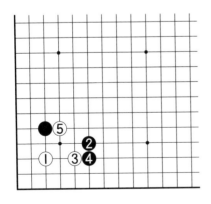

15도(흑, 눈목자씌움)

되돌아가서 백1에 흑2의 눈목자씌움일 때는 백3에 한칸 뛰고 흑4로 막으면 백5로 붙이는 것이 행마의 요령이다.

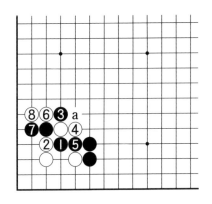

16도(축문제)

이다음 흑1로 젖혀 5까지 차단하면 백6, 8로 몰아 a의 축문제가 발생한다.

사실 백은 이 축이 유리해야 3三걸침도 유효하다.

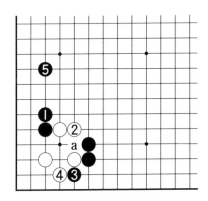

17도(흑, 축이 불리할 때)

15도 다음 흑은 축이 불리하면 1로 늘고 백2로 모양을 잡을 때 흑3을 활용해서 a의 맛을 남긴 후 5로 벌리는 것이 효과적 수순이다. AI의 추천 변화인데, 백도 귀에서 근거를 갖고 중앙 진출된 모습이라 불만 없다.

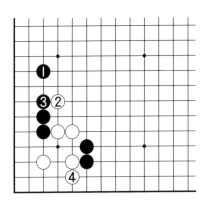

18도(흑, 불만)

앞 그림 흑3의 활용은 긴요한데, 이 수순을 생략하고 흑1로 먼저 벌리면 백2 다음 4로 늘어 패맛을 없애며 하변 흑이 약해져서 불만이다.

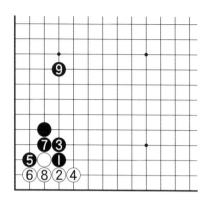

19도(2선이지만 근거가 확실)

되돌아가서, 흑1로 붙여 7까지 활용한 후 9로 좌변을 경영하는 것은 바람직하지 않다.

　백은 2선이지만 근거가 확실하며, 귀쪽 흑돌의 능률이 떨어지는 모습이다.

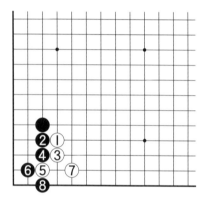

20도(어깨짚음에 가까운 걸침)

처음으로 돌아가서, 백1의 마늘모걸침도 AI의 한 방안이다.

　걸침이라기보다 어깨짚음에 가까운데 흑2, 4로 귀를 지키면 백5, 7의 호구로 탄력을 주고 흑8을 유도해서 백이 손을 빼는 것이 서로 무난한 타협이다.

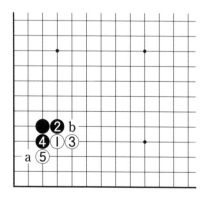

21도(위쪽을 먼저 미는 경우)

백1에 위쪽 흑2로 먼저 밀고 5까지 되면, 다음 흑은 a와 b의 선택이 기다린다.

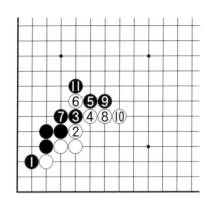

22도(모양 대결)

귀에서 흑1로 젖히면 백2로 꼬부린 후 11까지 서로 모양을 키우는데, 이 변화도 무난한 타협으로 본다.

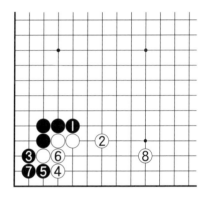

23도(백, 하변에 안정)

21도 다음 중앙에서 흑1로 한번 더 밀면 백2로 뛰고, 흑3 젖힘에 백4로 받은 후 8까지 하변에 안정한다. 이 진행도 AI 안목에서 호각이다.

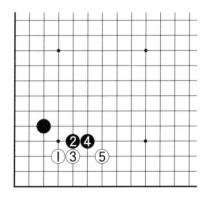

24도(소목 자리 날일자걸침)

외목에서 대표 주류는 소목 자리 백1의 날일자걸침이다. 다음 AI의 추천 일순위는 알기 쉬운데 흑2, 4로 눌러가서 백5로 뛰는 변화이다. 이렇게 활용해두고 흑이 손을 빼면 무난하다고 본다.

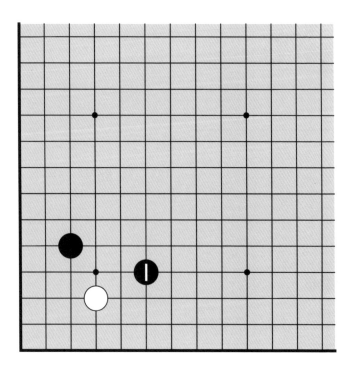

　　외목 날일자걸침에서 흑1의 눈목자씌움은 대사씌움
이라고도 하는데, 수순이 길고도 많은 변화가 나온다고
해서 '대사백번'이라고도 별칭이 붙었다.
　　여기서는 책 한권에 실어도 부족할 만큼 난해한 변화
를 피하면서도 효과적인 대응에 대해 알아본다.

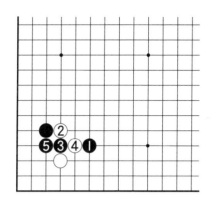

1도(대사백변의 출발)

흑1로 씌울 때 백2로 붙이고 흑3
에 끼우면 길고도 많은 대사백변
으로 들어간다.

　백4에 흑5는 필연인데 다음 백
은 위나 아래의 이음이 기다린다.

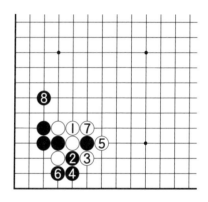

2도(예전 정석)

위쪽 백1로 이으면 비교적 변화
가 간단하다.

　흑2로 끊은 후 8까지는 예전에
두었던 정석인데, AI도 이 진행
이면 무난한 타협으로 인정한다.

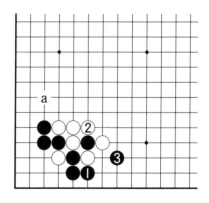

3도(흑, 활발)

앞 그림 백5 때 하변 흑1, 3으로
진출하면 활발하다고 보는 것이
AI의 견해이다.

　백이 손을 빼면 흑a가 요소이
므로~

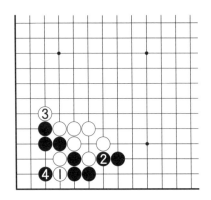

4도(흑집이 견실)

백이 귀에서 1을 선수한 후 3에 막으면 흑도 4로 잡는 것이 무난하다.

아무튼 흑집이 견실해서 후수이지만 충분하다.

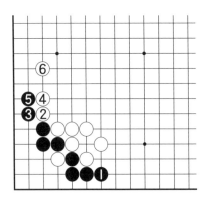

5도(흑, 충분)

3도 흑3 대신 1로 늘면 느슨해도 패맛으로 인한 귀의 활용은 피할 수 있다. 백2로 젖힌 후 6까지 예상되며, 이 진행도 흑이 충분하다고 본다.

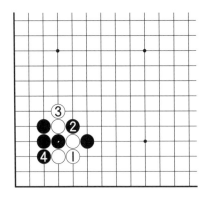

6도(난해한 변화)

1도 다음 아래 백1로 이으면서 난해한 변화가 펼쳐진다.

우선 흑2, 4로 귀의 선점이 필연인데~

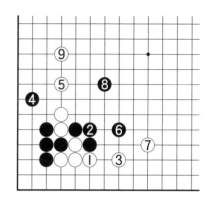

7도(백, 활발)

백1로 밀면 흑2로 이은 후 9까지 한동안 많이 두던 변화인데, AI 안목에서는 백이 활발한 흐름으로 본다.

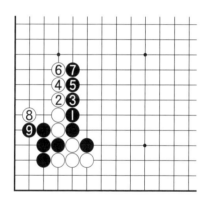

8도(계속 밀어가는 경우)

앞 그림 흑2로 잇는 대신 1 이하 7까지 계속 밀어가면 국면이 복잡해진다. 백8에 흑9는 기민한 활용이며~

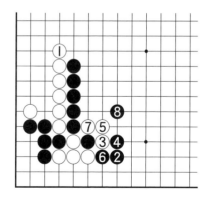

9도(백의 위기)

백1로 늘면 흑은 벽을 이용한 2의 하변 공격이 위력적이면서 본격 난해한 변화가 숨겨있다.

단순히 백3, 5로 나가면 흑은 6, 8로 보기 좋게 포위해서 백이 위기에 몰린다.

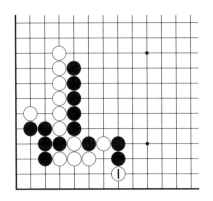

10도(두 가지 방안)

앞 그림 흑4 때 백1의 붙임이 맥.
이처럼 정교한 기술로 타개해도
대등한 정도이므로 서로 난전을
피하는 것이 좋은데, AI가 알려
주는 두 가지 방안이 있다.

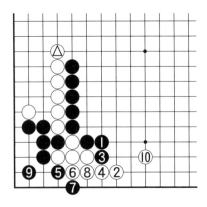

11도(흑의 불만)

그전에 백△ 다음 흑이 1로 늘면
백도 2로 달린 후 10까지 서로
난전을 피할 수 있다.

다만 이 진행은 좌변 백의 활
용 때문에 흑의 불만으로 보는
것이 AI의 판단이다.

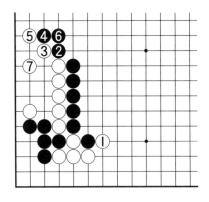

12도(백의 방안)

우선 8도 다음 백1로 하변부터
보강한다.

흑2, 4의 이단젖힘에 백5, 7로
버티면 귀의 흑진에 패맛도 있어
백이 충분하다고 본다.

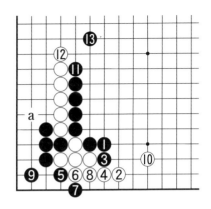

13도(흑의 방안)

8도 백6 때, 흑이 손실 없이 난전을 피하는 변화도 있다.

흑1로 늘어 이하 10까지 결정해놓고 11, 13으로 좌변을 제어하며 중앙을 넓히면 AI 안목에서 무난한 타협으로 본다. 이제 백a는 귀에 선수가 되지 않는다.

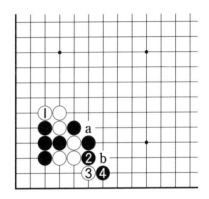

14도(백, 축이 유리할 때)

6도 다음 백은 축이 유리하다면 1의 막음도 아주 난해한 변화를 미리 피하는 방안이다.

이때 흑2, 4로 막는 것은 a와 b의 약점으로 축이 불리한 흑이 곤란하다.

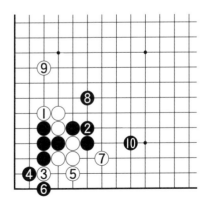

15도(효율적 행마)

백1에는 흑2로 잇는 정도인데 백3, 5의 호구가 효율적 행마이며 흑6을 유도해 백7로 진출한다.

흑도 8, 10으로 씌우며 중앙 두터움을 도모하는데~

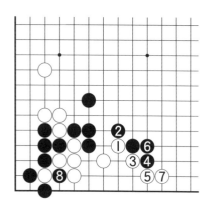

16도(필연)

백1로 붙인 후 7까지 모양을 정
리하면 흑8로 잡으며 귀를 확실
히 살아두는 것도 필연이다.

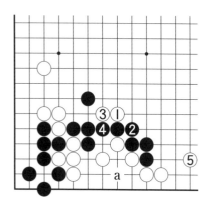

17도(백, 양쪽 정리)

이다음 백1, 3은 활용이며 5로
모양을 확실히 갖추면 양쪽을 정
리한 백이 활발하다는 AI의 견해
이다. 백진에는 a의 약점이 있지
만~

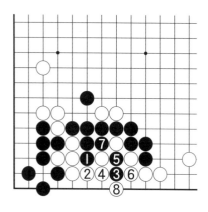

18도(백, 연결)

흑1, 3으로 치중하면 백4 이하 8
까지 연결하는 데는 문제없다.

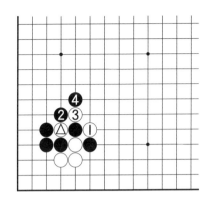

19도(핵심)

거슬러 올라가 6도 흑2 때 백1, 3으로 단수치는 방법도 있는데 흑도 잇지 않고 4의 되단수가 핵심이다. 백5로 따내면~

⑤‥Ⓐ

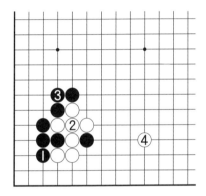

20도(알기 쉬운 타협)

흑1로 귀의 근거를 확보한 후 서로 4까지 모양을 갖추면 일단락이다.

알기 쉬운 타협이 이루어졌지만 흑의 실리가 약간 돋보이는 변화이다.

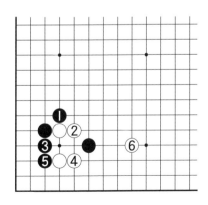

21도(흑, 축이 유리할 때)

되돌아가서 1도 백2 때, 흑도 축이 유리하면 애초부터 난해한 변화를 피하는 방법이 있다.

흑1로 젖힌 후 6까지 서로 귀와 변에 모양을 잡으면 무난한 타협이다.

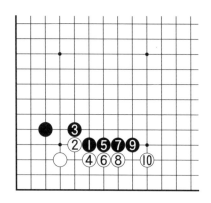

22도(백, 호구로 나감)

백도 처음부터 대사백변을 피하고 싶다면 흑1에 백2, 4의 호구로 나가면 간명한데, 계속해서 10까지 진출하면 한때 유행하던 정석이지만 AI는 흑이 약간 두텁다고 본다.

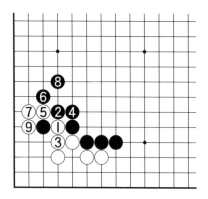

23도(실전적 끼워이음)

앞 그림 흑5 때 백1, 3으로 끼워 잇는 것이 실전적이다.

이때 흑4로 잇고 백이 5 이하 9까지 한점을 잡으면 실리가 충실한 백이 약간 기분 좋다는 것이 AI의 해석이다.

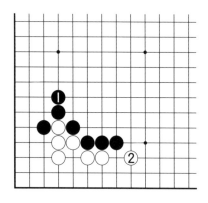

24도(교묘한 쌍점 행마)

앞 그림 백3 때 흑1의 쌍점이 좌우 양쪽을 방어하는 교묘한 행마이다.

백2로 진출하면 백도 불만 없는 타협이지만 AI의 일순위 변화라 해도 무방하다.

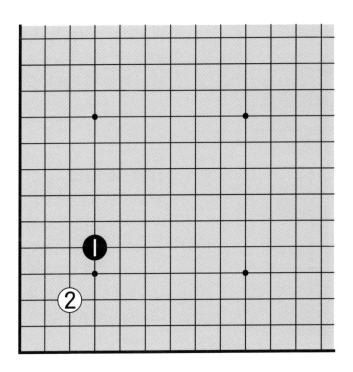

이번 주제는 흑1의 고목에 백이 걸치면서 나타나는 정석 변화이다. AI시대 실전에서는 거의 볼 수 없지만 주로 상수가 변과 중앙을 압도하기 위해 사용하는 전략이므로 대비 차원에서 핵심을 공부한다.

주류는 3三과 소목걸침인데, 여기서는 백2의 3三걸침에 대해 알아본다.

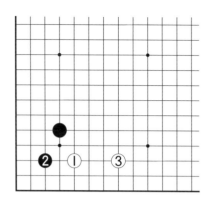

1도(흑, 착실한 실리)

본론으로 들어가기 전에, 백1은 소극적 걸침인데 다가섬에 가깝다. 흑2로 지키고 백3으로 벌려 타결되는데 귀의 실리가 착실해서 백이 변에 안정하기 위함이 아니라면 선택하기 어렵다.

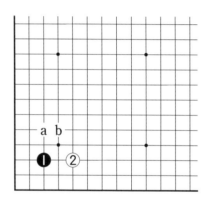

2도(3三에서 참고)

참고로 흑1의 3三에 백2로 다가서면 흑이 a나 b로 받아서 일단 편하다. 이중 흑이 b로 받은 것이 앞 그림과 같다고 생각해도 된다.

보통 3三에는 화점으로 씌우는 것이 일감이며 걸치더라도 두칸이 보편적이다.

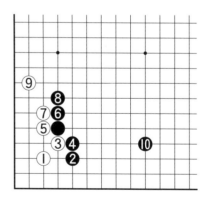

3도(외목 정석과 동일)

이제부터 본론인데 백1의 3三걸침은 실리를 중시한다.

흑2로 차단한 후 10까지는 외목 정석에서도 나왔던 AI의 추천 변화인데 무난한 타협이다.

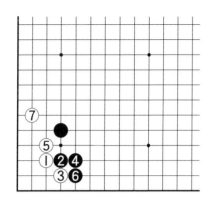

4도(흑이 막는 경우)

백1에 흑2로 막는 것이 강수이지만 치명적 약점이 노출된다.

그러나 백3 이하 7까지 안정하면 하변 흑이 단단해서, 백이 불리하지 않아도 최선은 아니다.

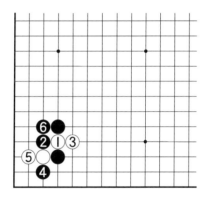

5도(백, 끼움)

앞 그림 흑2 때, 백은 우선 1의 끼움을 생각할 수 있다.

이때 흑이 2, 4의 단수 다음 6으로 이으면 어떻게 될까.

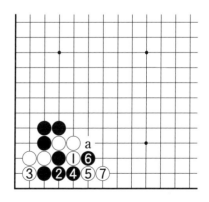

6도(백, 축이 유리할 경우)

축이 유리할 경우 백은 1 이하 5까지 넉점을 잡을 수 있다.

흑6에 끊고 백7로 늘면 흑은 a의 축이 불리하므로~

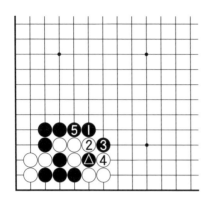

7도(백, 만족)

그나마 흑도 1로 씌운 후 6까지 조여서 정리할 수밖에 없다. 아무튼 이 진행은 백의 만족이다.

⑥‥▲

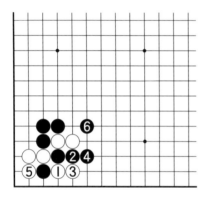

8도(백, 축이 불리할 경우)

축이 불리할 경우 백은 1 이하 5까지 귀의 한점을 잡는 것이 현명하다.

흑도 6으로 두점을 잡아서, 이 진행은 AI 안목에서 서로 무난한 타협으로 본다.

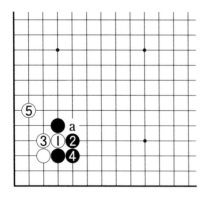

9도(백, 활발)

백1로 끼울 때 흑은 축이 불리하면 2로 단수치고 4로 잇는 정도인데, 백이 5로 달리면 a의 맛도 있는 만큼 활발한 흐름이다.

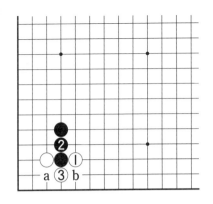

10도(껴붙이는 맥)

4도 흑2 때 백1의 껴붙임도 약점을 공략하는 맥이다.

흑2로 이으면 백3에 넘어간 다음 흑이 a와 b의 어느 쪽을 끊더라도 끊은 쪽을 백이 잡으면 충분하다. 흑은 석점이 일렬로 된 중복형이다.

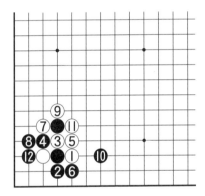

11도(끼우는 맥)

백1에 흑2로 빠지면 백3의 끼움이 맥이다. 흑은 4, 6이 귀를 제압하는 효율적 수순이지만, 이하 12까지 백도 선수로 한점을 따내면 만족이다. 설사 백9의 축이 불리해 늘어서 잡아도 백이 불리하지 않은 타협이다.

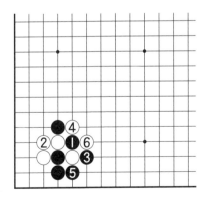

12도(백이 활발한 공방)

앞 그림 백3 때 흑1, 3으로 변쪽 한점을 잡으면 백4, 6으로 강하게 패로 버텨 역시 백이 활발한 공방이 전개된다.

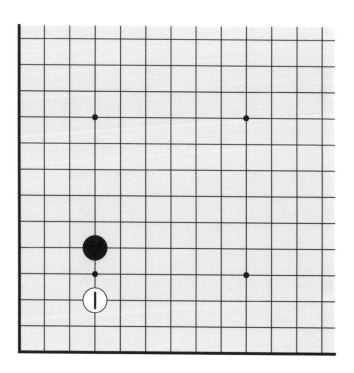

　마지막 주제는 고목에 백1의 소목걸침. 보통 고목은 전략적인 의도가 있지만, 만일 흑이 손을 뺀다면 백 소목에 흑이 한칸 걸친 모양이 되어 소목 정석으로 환원되기도 한다. 이 모양에서 흑의 고압전술과 AI의 대응법이 볼만하다.

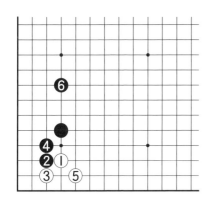

1도(흑, 실리 중시)

백1의 소목걸침이면 고목에서의 전략이 왕성하다.

흑이 실리를 중시하면 2, 4의 붙여끌기가 보편적이다. 백5 다음 흑이 좌변에 둔다면 6의 두칸 벌림이 AI의 전체를 바라보는 안목이다.

2도(흑, 하변 중시)

앞 그림 백5 때 흑1로 공격하며 3의 벌림은 하변을 중시하는 방법인데 백도 4, 6으로 좌변을 공격해서 불만 없다. AI가 보여주는 변화였다.

3도(귀의 실리가 돋보인다)

백1 걸침에 변쪽 흑2, 4의 붙여끌기도 일책이다. 이때 백5로 젖히면 흑6에 끊은 후 10까지 귀의 실리가 돋보인다.

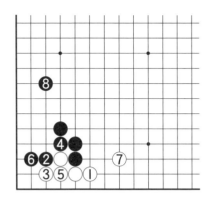

4도(유력한 뻗음)

앞 그림 흑4 때 백1로 뻗는 것이 유력하다.

흑2 이하 6까지 귀를 제어하면서로 변에 모양을 갖추는데 백7과 흑8은 AI가 추천하는 벌림으로 무난한 타협이다.

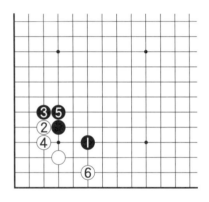

5도(흑, 세력작전)

흑1의 날일자씌움은 고목 특유의 세력작전인데 백도 2, 4로 귀를 차지하면 충분하다.

흑5 다음 백이 손을 빼도 되지만, 차후 흑의 활용이 염려되면 백6의 진출도 간명하다.

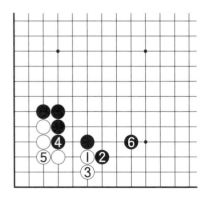

6도(적당한 타결)

백1로 붙인 후 6까지는 AI가 알려주는 변화인데, 백이 활용을 피해 선수로 근거를 확장했고 대신 흑도 두터워졌으니 적당한 선에서 타결됐다.

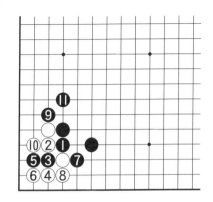

7도(두텁게 정돈하는 방법)

5도 백2 때 흑1, 3으로 끊어서 활용한 후 11까지 바깥을 두텁게 정돈하는 방법도 흑의 일책이다.

백도 선수로 견실한 실리를 얻어 불만 없다.

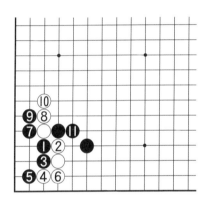

8도(흑, 안쪽 젖힘)

5도 백2 때 흑1의 안쪽 젖힘이면 백2로 끊어 싸움을 피할 수 없다. 흑3 이하 11까지는 필연인데~

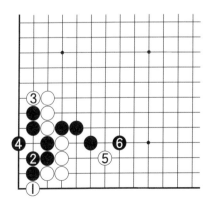

9도(좋은 수순)

백1, 3을 선수해놓고 5로 진출하는 것이 좋은 수순이다. 흑6으로 씌워 압박하고 나서~

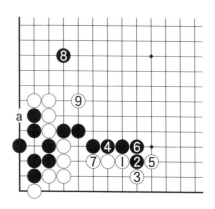

10도(백이 아주 유리한 싸움)

백1에 밀고 흑2 이하 두터운 수순으로 7까지 백이 후수로 연결할 때 흑8로 협공하지만, 백이 중앙 9로 나가면 a쪽도 선수 활용인 만큼 아주 유리한 싸움이라는 것이 AI의 평이다.

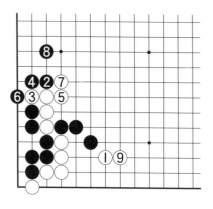

11도(붙이는 맥)

9도 흑2 때, 백이 좌변 활용을 생략하고 1부터 진출하면 흑2의 붙임이 맥이다.

백3에 흑4로 누른 후 8까지 되고 나서, 백도 9로 하변을 보강해서 아직도 유리하지만 앞 그림보다 차이가 좁혀졌다.

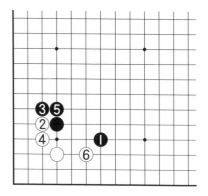

12도(백, 편한 흐름)

처음으로 돌아가서 흑1의 눈목자씌움이면 백2, 4 다음 6의 한칸으로만 대응해도 백의 실리가 견실해서 편한 흐름으로 본다.

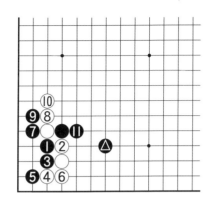

13도(흑의 주문)

앞 그림 백2 때 흑1, 3으로 도발하면 백이 어떻게 대응해야 할까.

날일자씌움에서와 같이 백4로 젖힌 후 11까지 되면 이번에는 흑▲의 위치가 하변 백의 진출을 어렵게 한다. 이 진행이 흑의 주문이었다.

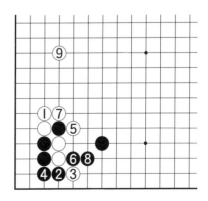

14도(흑의 변신)

앞 그림 흑9 때 백1의 단수가 효율적이지만 흑도 2, 4로 변신하며 양쪽을 정리하면 결코 불리하지 않다.

15도(백, 활발)

13도 흑3 때 백도 1로 늘고 흑2, 4에 백5의 축으로 한점을 잡으면 간명하다.

서로 9까지 모양을 갖추지만 AI는 백이 활발하다고 본다.

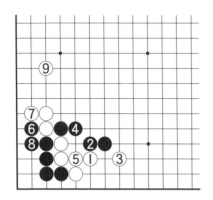

16도(백이 절대 유리)

앞 그림 흑4 때 백은 축이 불리해도 1로 귀를 차단하는 강수가 있다.

이후 흑이 중앙을 정돈하며 귀를 사는 동안 백이 9까지 양쪽을 정리하면 절대 유리하다고 본다.

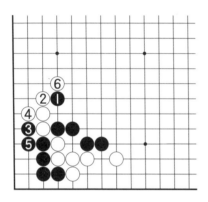

17도(백, 기분 좋은 흐름)

앞 그림 백5 때 흑1을 활용한 후 3, 5로 사는 것이 능률적이지만 백이 6에 젖히면 기분 좋은 흐름이다.

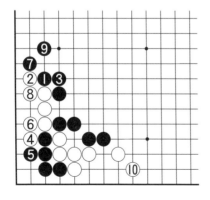

18도(백의 만족)

앞 그림 백2 때 흑1로 젖힌 후 9까지 내친김에 좌변 일대의 두터움을 도모하지만, 백10으로 하변을 보강하며 귀의 맛도 해소하면 백 실리가 커서 만족이다.

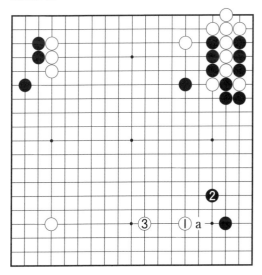

실전 1

판의 상반부는 AI시대의 화점 정석으로 짜여져 있다.

우하귀 소목에 AI는 a의 한칸걸침을 권하지만, 백1의 두칸걸침은 우변 흑 세력을 의식한 전략적 선택이며 흑2와 백3으로 서로 온건한 진행이다.

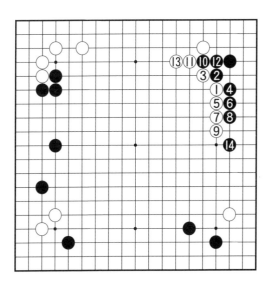

실전 2

초점은 우상귀 외목에서 백1의 눈목자씌움인데, 흑은 난해한 싸움을 피해 14까지 견실한 실리를 선택했다.

수순 중 흑10, 12로 끼워 이을 때 백13의 쌍점은 변과 중앙을 동시에 지키기 위한 고심의 버팀수이다.

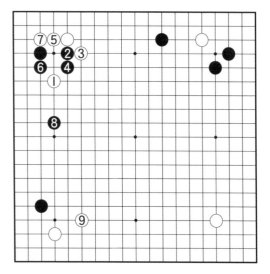

실전 3

외목에서 백1의 눈목자 씌움이 초점. 흑2로 붙이면 난해한 변화가 도사리지만, 백은 3 이하 7까지 귀를 차지하고 흑이 8로 좌변을 경영하는 길로 타협되었다.

　수순 중 백5에 흑이 6으로 물러선 것은 축이 불리한 까닭이다.

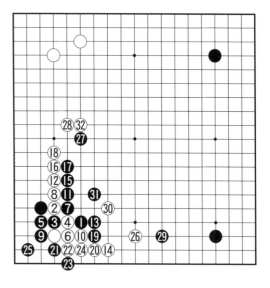

실전 4

지금은 좌하귀 외목에서 흑3의 끼움이 초점.

　특히 흑11로 밀어갈 때는 복잡한 변화가 기다리는데, 하변은 서로 타협하는 양상이다.

　흑29로 공격하자 백32로 누르며 서로 힘차게 두면서 중앙 전투가 점입가경이다.

바둑 일류의 심오하고 창조적인 판세 읽기

진격의 중반전

352쪽 | 목진석 감수 · 이하림 편저

바둑의 드라마틱한 중반전에 프로 일류는 어떻게 판세를 읽어가는가? 프로 고수의 실전보에서 재료를 발췌해 중반의 긴 과정을 따라가면서, 형세판단을 곁들여 나타날 수 있는 다양한 장면들을 보여준다.

이기는 바둑 시리즈

01 기본정석으로 강자가 되어라

272쪽 | 목진석 감수 · 백재욱 지음

귀의 화점과 소목에서 기본적이고 중요한 변화를 익힌다면 정석을 거의 마스터했다고 봐도 좋다. 그러므로 바둑에 강해지려면 화점과 소목의 기본정석을 마스터하라!

02 기본포석으로 승자가 되어라

276쪽 | 목진석 감수 · 백재욱 지음

최근의 포석은 처음부터 공간 전체를 활용하는 발상이 트렌드다. 그 과정에서 치열한 전투가 일어나기도 한다. 그럴수록 기본에 바탕을 둔 포석 감각을 익혀라. 그것이 안전하게 이기는 길이다.

03 기본행마로 감각을 키워라

276쪽 | 목진석 감수 · 이하림 지음

바둑은 효율이다. 효율적인 바둑을 두려면 부분적인 모양에서의 행마의 길과 쓰임새, 전체적인 안목에서의 급소와 행마법을 익혀야 한다. 이런 행마의 감각을 키워 실전에서 적절히 구사해보자.

04 기본전략으로 판을 지배하라

268쪽 | 목진석 감수 · 이하림 지음

정석은 주로 귀의 변화, 포석은 귀를 토대로 한 변의 변화가 핵심이라면, 전략은 중앙까지 염두에 둔 입체적 실전적 개념이다. 그야말로 야전(野戰)이다. 이제 야전의 세계로 들어가 보자.

05 기본사활로 수읽기에 강해져라

272쪽 | 목진석 감수 · 이하림 지음

전체 판을 주도하려면 부분전투에 능해야 하고 그런 능력을 키우려면 수읽기에 강해져야 한다. 사활은 그 첩경이다.

06 기본맥점으로 수보기에 강해져라

272쪽 | 목진석 감수 · 이하림 지음

바둑 한 판의 과정에는 다양한 맥이 숨어있다. 이런 맥을 찾는 학습으로 수를 빨리 보는 힘을 기르면 판의 급소를 읽으며 각종 전투에서 승리할 수 있다.

07 기본변칙수로 위기를 돌파하라

272쪽 | 목진석 감수 · 이하림 지음

바둑은 정석대로만 두어서는 이길 수 없다. 그 과정에는 온갖 변칙적인 수법이 도사리고 있다. 이런 위기를 극복하고 살아남으려면 불의의 변칙수를 응징하고 때로는 상황에 맞는 정의의 변칙수를 구사해 어려운 판세를 돌파해야 한다.

08 기본끝내기로 판을 뒤집어라

272쪽 | 목진석 감수 · 이하림 지음

바둑은 마라톤과 같아서 단번에 승부가 나지 않는다. 종반 역전의 짜릿함을 맛보려면 불리한 국면이라도 무모한 행동을 삼가며 때를 기다리는 인내심이 필요하다. 그런 절대 기회가 생겼을 때 끝내기의 묘미로 판을 뒤집어보자.

왕초보 바둑 배우기 시리즈

왕초보 바둑 배우기 1. 입문하기
238쪽 | 조창삼 지음
바둑을 처음 접하는 분들이 배워야 할 규칙과 기본 기술을 이해하기 편한 대화 형식으로 거침없이 풀었다.
1권을 마치면 누구랑 두어도 당당할 것이다

왕초보 바둑 배우기 2. 완성하기
236쪽 | 조창삼 지음
'입문하기 편'을 마친 분들이 배워야 할 부분 기술과 행마를 이해하기 편한 대화 형식으로 거침없이 풀었다. 2
권을 마치면 부분 전투에 자신이 붙어 바둑의 묘미를 느낄 것이다.

왕초보 바둑 배우기 3. 대국하기
240쪽 | 조창삼 지음
'완성하기 편'을 마친 분들이 배워야 할 초반의 포석, 중반의 전투, 종반의 끝내기 등 바둑의 한 판 과정에
서 필요한 핵심 기술을 초심자의 눈높이에서 보여준다.

| AI 최강 바둑 시리즈 |

최강 입문

인공지능 바둑시대 원리를 알고 파헤쳐 단숨에 바둑 두기! 초급자도 생각의 틀을 잡는 필독 입문서!
01 규칙편 264쪽 | 이하림 지음 · 진동규 감수
02 기술편 264쪽 | 이하림 지음 · 진동규 감수

최강 정석

인공지능 바둑시대 정석에서 진화된 수법 총정리! 혁신적인 AI의 안목으로 고정관념을 깨라!
01 화점 기본편 320쪽 | 이하림 지음 · 김일환 감수
02 화점 협공편 276쪽 | 이하림 지음 · 김일환 감수
03 소목 정석편 304쪽 | 이하림 지음 · 김일환 감수

최강 포석

인공지능 바둑시대 포석에서 진화된 수법 총정리! 혁신적인 AI의 안목으로 고정관념을 깨라!
01 화점 포석편 320쪽 | 이하림 지음 · 김일환 감수
02 소목 포석편 320쪽 | 이하림 지음 · 김일환 감수

최강 전투

인공지능 바둑시대 국면을 주도하는 능률적 전투 요령! 혁신적인 AI의 안목으로 고정관념을 깨라!
280쪽 | 이하림 지음 · 김일환 감수

| AI 바둑 핸드북 시리즈 |

바둑 입문

원리를 알고 파헤쳐 단숨에 바둑 두기!

01 기본 규칙 160쪽 | 이하림 지음

02 초보 사활과 수상전 160쪽 | 이하림 지음

03 초보 기술과 끝내기 160쪽 | 이하림 지음

04 초보 행마와 운영 160쪽 | 이하림 지음

화점 정석

AI시대 정석에서 진화된 수법 총정리!

01 3三침입 · 날일자 수비 176쪽 | 이하림 지음

02 한칸과 눈목자 수비 · 붙임 · 양걸침 176쪽 | 이하림 지음

03 한칸 공격 160쪽 | 이하림 지음

04 두칸과 세칸 공격 · 수비 후 공격 160쪽 | 이하림 지음

소목 정석

AI시대 정석에서 진화된 수법 총정리!

01 낮은 걸침 이후 172쪽 | 이하림 지음